**Gestão de custos sob
o olhar da qualidade**

Gestão de custos sob o olhar da qualidade

Maíra Buss do Espírito Santo

Rua Clara Vendramin, 58 ▪ Mossunguê
Cep 81200-170 ▪ Curitiba ▪ PR ▪ Brasil
Fone: (41) 2106-4170
www.intersaberes.com
editora@intersaberes.com

Conselho editorial
Dr. Ivo José Both (presidente)
Dr. Alexandre Coutinho Pagliarini
Dr.ª Elena Godoy
Dr. Neri dos Santos
Dr. Ulf Gregor Baranow

Editora-chefe
Lindsay Azambuja

Gerente editorial
Ariadne Nunes Wenger

Assistente editorial
Daniela Viroli Pereira Pinto

Edição de texto
FZ Editoria
Monique Francis Fagundes Gonçalves
Palavra do Editor

Projeto gráfico
Laís Galvão

Capa
Iná Trigo (*design*)
CARACOLLA/Shutterstock (imagem)

Diagramação
Fabio Vinicius da Silva

Equipe de *design*
Charles L. da Silva

Iconografia
Regina Claudia Cruz Prestes
Sandra Lopis da Silveira

Dados Internacionais de Catalogação na Publicação (CIP)
(Câmara Brasileira do Livro, SP, Brasil)

Santo, Maíra Buss do Espírito
  Gestão de custos sob o olhar da qualidade/Maíra Buss do Espírito Santo. Curitiba: InterSaberes, 2022.

  Bibliografia.
  ISBN 978-65-5517-193-8

  1. Administração financeira 2. Custos – Controle de qualidade I. Título.

22-104350   CDD-658.15

Índice para catálogo sistemático:
1. Custos: Controle de qualidade: Administração financeira 658.15

Cibele Maria Dias – Bibliotecária – CRB-8/9427

1ª edição, 2022.
Foi feito o depósito legal.

Informamos que é de inteira responsabilidade da autora a emissão de conceitos.

Nenhuma parte desta publicação poderá ser reproduzida por qualquer meio ou forma sem a prévia autorização da Editora InterSaberes.

A violação dos direitos autorais é crime estabelecido na Lei n. 9.610/1998 e punido pelo art. 184 do Código Penal.

Sumário

Dedicatória, 9
Apresentação, 11

1 Qualidade sob pontos de vista diversos, com foco em custos, 17

    1.1 Conceito de qualidade, 19
    1.2 Qualidade em indústria, 25
    1.3 Qualidade na agricultura, 27
    1.4 Qualidade na construção civil, 28
    1.5 Qualidade em serviços e no comércio, 29
    1.6 Qualidade em serviços públicos e de saúde, 30

2 Custo da qualidade e da não qualidade, 35

    2.1 Introdução aos custos da qualidade, 38
    2.2 Ganhos e perdas com a não qualidade, 39
    2.3 Tipos de custos com qualidade, 40

3 Estratificação dos custos com qualidade, 45

3.1 Custos com prevenção, 51
3.2 Custos com manutenção, 53
3.3 Custos com falhas internas, 54
3.4 Custos com falhas externas, 56
3.5 Custos com avaliação, 65
3.6 Estudo de caso, 66

4 Gestão de riscos na qualidade, 75

4.1 Princípios e processos da gestão de riscos na qualidade, 79
4.2 Avaliação, análise e controle de riscos, 82
4.3 Métodos e controles da gestão de riscos: FMEA e FMECA, 113
4.4 Métodos e controles da gestão de riscos: AAA, APR e APPCC, 115

5 Indicadores da qualidade, 119

5.1 O que é importante medir?, 134
5.2 Transformando informações em indicadores, 139
5.3 KPIs e seus desdobramentos, 151
5.4 Principais indicadores da qualidade (produto, processo e custo), 155
5.5 Exemplos práticos de indicadores, 158

6 Custos e indicadores de qualidade no planejamento estratégico, 167

6.1 Relatório de custos da qualidade, 172
6.2 Normas da série ISO 9000 e sua relação com os custos da qualidade, 173
6.3 Percepção dos custos da qualidade pela contabilidade, 174

6.4 O BSC como ferramenta de gestão estratégica para custos da qualidade, 176
6.5 Tendência: o *Big Data* e os indicadores da qualidade, 177

Considerações finais, 179
Lista de siglas, 183
Referências, 185
Sobre a autora, 191

Dedicatória

Dedico este livro aos meus pais, Davi Miranda do Espírito Santo e Maria de Fátima Buss, que, independentemente dos problemas da vida, sempre lutaram pela educação de todos à sua volta.

Em especial, dedico esta obra às pessoas maravilhosas com as quais tive e tenho a honra de conviver: Leila Fávaro, Andressa Ng, Renata Kitamura, Marcela Zanella, Talita dos Anjos, Vanessa Nascimento Machado, Jaqueline Abreu, Deise Barbosa Santos, Raquel Gasques, Renata Gasquez, Barbara Barreto, Thiago Kich, Tamiris Maciel, Rubens Doneda, Carla Scuzziato, Barbara Sloba (in memoriam), Francielly Gonzaga (in memoriam), Natan Félix, Juliana Araújo, Geisy Lilian, Angela Atui Leite, Anna C. Leite, Rubens Doneda, Sabrina Molina, Julio Jung, Sarah Toledo, Natalia Yamakawa, Hellen C. Maiorki, Fernanda Pimenta, Barbara Dresch, Vivian C. Spier, Renato Jr., Rita Barchik, Gabriela T. Vilas Novas e Ana Moreira.

Apresentação

É com muita satisfação que apresentamos este livro, no qual vamos oferecer a estudantes, professores, empresas e à sociedade em geral uma visão abrangente do processo de gestão de custos sob o olhar da qualidade, aplicado em diferentes e importantes setores da economia atual com o objetivo central de potencializar os ganhos da corporação por meio da redução de perdas. A relevância desse tema está relacionada aos esforços dos quais uma empresa necessita se valer para se sobressair diante da concorrência. O propósito de obter destaque e vantagem demanda uma série de estratégias, as quais, geralmente, são suscitadas por uma gestão qualificada, capaz de garantir não apenas a aplicação assertiva como também o sucesso empresarial.

Podemos afirmar que este livro apresenta a chave para o desenvolvimento de objetivos direcionados ao sucesso, com foco no aprimoramento do desempenho empresarial e na otimização de processos, de modo a garantir a melhoria de *performance*.

Mas qual é a importância de a empresa ter essa visão?

Basta imaginarmos, por exemplo, uma loja de sapatos, que disponibiliza várias marcas e modelos. Qual é seu critério de escolha?

Uma empresa só alcançará destaque em um espaço amplamente competitivo, cujo mercado apresente produtos e serviços saturados, se buscar, constantemente, a qualidade do que ela produz, o que vai depender dos requisitos de seu planejamento.

Seja na fabricação de um produto, seja na prestação de serviços, a qualidade será o aspecto decisório em uma organização. É certo que cada entidade, de alguma forma, vai procurar agregar valor ao seu produto ou serviço, mas nem sempre a inovação ou a alteração do produto final será vista com bons olhos pelos consumidores. Por isso a empresa deve estar preparada para a implementação de novas táticas, de forma que tenha agilidade na mudança de planos.

Vale lembrar que, quando o produto chega ao cliente final, não apenas a qualidade é levada em conta, o preço do item disponibilizado também é utilizado como parâmetro. Assim, a empresa deve regular a qualidade para que o preço disponibilizado não fique acima da média, de acordo com seu público-alvo.

Mas como é possível realizar a distribuição dessa melhoria sem que isso resulte em um preço absurdo?

É nesse ponto que se considera a necessidade de distribuir a qualidade no decorrer dos processos das instituições. De todo modo, nem sempre o destaque da empresa é visto pelo cliente final, pois as alterações ocorrem internamente, ou seja, em processos da própria organização. Tais ações, contudo, possibilitam que toda a empresa faça uso de sua diferenciação, de maneira setorial, o que, por sua vez, permite que todos os participantes tenham como objetivo comum a realização de um trabalho mais eficaz e eficiente, proporcionando tanto à empresa quanto à própria equipe maior destaque em sua atuação de mercado.

Sem embargo, para que consiga tal destaque, é necessário que a empresa invista em ferramentas capazes de prover mais informações acerca das necessidades do cliente em face dos desafios do mercado, além de mensurar o atendimento prestado por ela (em caso de serviços), com o objetivo de validar se a organização está atuando ou não conforme o esperado para se tornar uma empresa competitiva. A fim de esclarecermos esses aspectos, trataremos dos indicadores da qualidade, os quais permitem que essas informações sejam tangíveis para todos os responsáveis, favorecendo, assim, as tomadas de decisão.

De início, no entanto, é importante considerarmos que essas transformações que ocorrem dentro das empresas dizem respeito, atualmente, a uma geração emergente e, portanto, não se referem mais a uma mera possibilidade ("e se acontecer"), e sim a uma certeza anunciada ("quando vai acontecer"). E o motivo é claro: muito além dos aspectos de nossa vida pessoal, a tecnologia está influenciando drasticamente os setores empresariais. O desmedido progresso e os benefícios verificados na melhoria da produtividade das empresas, aliás, são prova disso.

Diante desse cenário, vale frisarmos que toda a transformação mencionada deve ser instaurada de forma inteligente. Nesse sentido, devemos nos valer, sempre que possível, do que está ao nosso dispor, como é o caso da tecnologia.

Muitos modelos digitais já estão disponíveis para facilitar esse processo, como a coleta de dados, a transposição de informações e as conexões entre setores, sendo vistos como algo extremamente positivo.

Interagir com o universo digital se tornou, desse modo, apenas o primeiro passo em direção ao progresso, e são exatamente os fatores brevemente assinalados nos parágrafos anteriores que constituem o objeto deste livro, cujo foco se revela já no título do trabalho: *Gestão de custos sob o olhar da qualidade*.

Com a utilização desses facilitadores inteligentes, veremos que tipo de comportamento deverá ser adotado por empresas que desejam ganhar margem de segurança no mercado de trabalho e alargar, assim, os horizontes sobre a forma como o cliente poderá reagir a essas mudanças, diante das grandes ofertas presentes no mercado hodierno.

Além disso, vamos analisar os pilares, os números e as principais práticas utilizadas por quem já "acordou" para a chamada *nova era das indústrias 4.0*, bem como o caminho a ser seguido para não parar no tempo.

Também apresentaremos a importância da gestão da qualidade bem estruturada em uma empresa e sua influência em todo o processo, incluindo os resultados dos produtos e serviços de uma empresa cliente. Essa gestão deve estar intimamente conectada a todos os resultados obtidos pela empresa, pois, assim, será capaz não só de otimizar os processos e as ferramentas utilizados pela produção, como também de averiguar se tais elementos estão sendo empregados de forma adequada. A gestão, portanto, terá as funções de se colocar atenta às melhorias, de garantir a qualidade dessa otimização e de assegurar a excelência contínua desse processo.

É, pois, um desafio permanente, que exige metas, planos e práticas específicas. Como você verá neste livro, o planejamento da qualidade envolve muito mais do que a elaboração de indicadores, projetos e planilhas; implica também satisfazer a empresa e trazer seus objetivos para a realidade.

Nesse sentido, a mediação entre empresa e cliente é fundamental para que os planos saiam do papel, pois ela representa a busca, de forma aberta e democrática, pela diversidade de opiniões ou de sugestões do cliente.

Para construir um bom planejamento da qualidade, é necessário que todos estejam dispostos a trabalhar em conjunto, pensando nos resultados mensuráveis e nas melhorias do processo produtivo. Dessa maneira, deve haver a qualificação não apenas dos produtos ou serviços, mas também dos profissionais, para que estes contribuam para atingir o melhor resultado para a empresa, formando, assim, uma equipe capaz de superar expectativas e de alcançar êxito nos processos mais complexos.

Com o pensamento no futuro, o Sistema de Gestão da Qualidade (SGQ) busca atuar dentro da empresa cliente, procurando, sobretudo, agir sobre as decisões para obter bons resultados e qualificar a entidade com organização, segurança e trabalho em equipe.

1

Qualidade sob pontos de vista diversos, com foco em custos

A temática da qualidade se incorporou nas empresas contemporâneas, tornando-se um diferencial diante do mercado global, disponível aos clientes. Além disso, a qualidade proporciona à empresa redução dos custos decorrentes de perdas, sejam perdas de clientes (no caso de serviços), sejam de insumos (no caso de produtos).

Com esse enfoque, abordaremos, neste capítulo, como a qualidade é trabalhada em diversos setores produtivos, sem nos esquecermos dos grandes nomes que colaboraram para o desenvolvimento desse conceito, tão presente em nosso cotidiano.

1.1 Conceito de qualidade

Antes de entender onde a qualidade é aplicada e como funciona em cada setor, é preciso compreender o conceito de qualidade e sua origem. Embora existam diversos conceitos que dizem respeito à qualidade, podemos afirmar que todos eles convergem para a seguinte conclusão: qualidade é satisfazer todos os anseios dos clientes.

Contudo, a concepção de qualidade evoluiu com o passar do tempo, conforme aumentava a criticidade dos clientes e, hoje, de maneira mais clara, seus objetivos e suas pretensões são entendidos de acordo com o local de aplicação. Podemos destacar, nesse sentido, três momentos que se configuram como marcos: a era da inspeção, a era do controle estatístico e a era da qualidade total. A seguir, descreveremos cada um deles.

No momento em que a prática da qualidade surgiu, durante a Segunda Guerra Mundial, suas noções eram baseadas nas características físicas de determinado produto, já que, na época, a sociedade era monopolizada, e a demanda sobressaía em relação à oferta. A esse período deu-se o nome de **era da inspeção**, visto que, de um lado, havia a linha de produção e, do outro, a equipe de inspeção, que controlava a produção, conforme o padrão estabelecido. A inspeção acontecia da seguinte maneira: o cliente aguardava o produto e verificava, com a equipe de inspeção, se estava de acordo com o pedido solicitado. Em caso positivo, comprava o produto; do contrário, solicitava uma nova ordem de produção. O problema dessa prática é que, além de demandar muito tempo, a inspeção era realizada uma a uma, sem metodologia alguma, o que não poderia, portanto, gerar qualidade, pois, ainda que fossem encontradas inconformidades no processo, esse tipo de inspeção não seria capaz de alterá-las. Ou seja, tratava-se de um processo que, apesar de encontrar defeitos, não produzia qualidade em si.

Já na década de 1950, ocorreu uma situação diferente. As demandas do mercado em relação à qualidade cresceram, abrindo oportunidades para o aumento tanto da oferta quanto da concorrência, o que gerou clientes mais críticos em relação à qualidade dos bens e produtos adquiridos. Com essa mudança, foram realizados estudos que previam quais eram os desejos dos clientes, o que, por sua vez, aprimorou a produção, que ainda se valia da inspeção como critério de qualidade. Esse cenário, no entanto, veio a mudar com o novo contexto socioeconômico, no qual prevalecia a concorrência. Somaram-se a isso a crise do petróleo e a queda dos monopólios, fatores que resultaram em uma nova perspectiva da qualidade, na qual se prezavam alta qualidade em produtos e baixos custos. Também a globalização intensificou essa tendência, gerando certa preocupação das empresas em relação aos seus produtos. Nesse momento, então, ocorreu um salto na qualidade: o cliente se tornou o centro das empresas, pois, para que estas garantissem seu espaço, era necessário atender aos critérios desejados e, ainda, oferecer um preço acessível. A partir daí, passou a vigorar a chamada **era do controle estatístico**.

Os produtos passaram a ser averiguados por amostragem (lote): o cliente não participava da avaliação, mas havia uma equipe especializada para a realização dessa etapa. O objetivo se tornou a localização de defeitos, o que permitiu a drástica redução de não conformidades, fazendo com que o custo com retoques aumentasse na mesma proporção. Aqui já podemos ver que a produção cooperou para o desenvolvimento de melhorias no processo, por meio de metodologias específicas e das sete ferramentas dispostas para controle da qualidade. Dessa forma, foi possível adequar-se aos desejos dos clientes, assegurando-se alta qualidade e preços baixos.

Toda essa melhoria, entretanto, não parou por aí. Nos anos 1980, surgiu um novo desafio: países asiáticos começaram a copiar a tecnologia ocidental, com o mesmo propósito, isto é, a oferta produtos de boa qualidade e com baixo custo de produção. Dessa forma, a concorrência se multiplicou, e o cliente passou, então, a dispor de muitas opções de escolha. Difundiu-se, nesse momento, o conceito de que era preciso criar produtos que atendessem aos clientes mesmo antes da tomada de consciência dessa "necessidade". Trata-se, assim, de uma era que gera produtos descartáveis, de modo que o cliente sempre tenha a necessidade de atualizar sua compra pela aquisição de itens que julga necessários ou até mesmo por *status*. Essa é a **era da qualidade total**, em que são utilizados o *Quality Function Deployment* (QFD) e as sete ferramentas de gestão da qualidade, os quais possibilitam a descoberta das necessidades do cliente e sua tradução em novos produtos para o mercado.

Os conceitos que embasam a qualidade total são: **custos da qualidade, engenharia da confiabilidade** e **zero defeito**. Essa nova era ganhou grande importância, e hoje há uma obrigatoriedade de implantação dessa metodologia nos processos das empresas. Nesse modelo, as entidades se deparam com uma gestão da qualidade que apresenta muito mais finalidades quando em comparação com a gestão do modelo convencional. Além de gerenciar e administrar, a gestão da qualidade age cirurgicamente, identificando o momento ideal para intervir nos processos, com o objetivo de obter resultados melhores. A questão em pauta é que, além de ter o conhecimento devido para intervir, a gestão da qualidade também identifica como, onde e por que agir em determinada situação.

Essas foram as maiores mudanças pelas quais passou a qualidade no decorrer do tempo. Apesar de a qualidade total parecer a mais adequada, os especialistas devem sempre estar preparados para possíveis mudanças e revoluções, pois o mundo sofre constantes alterações, e esse conceito deve continuar se transformando e se expandindo ao longo dos anos.

Você viu como a qualidade mudou? A necessidade de mudança deve ser observada a todo momento. Nem sempre ocorrem saltos gigantescos nesse processo, por isso é importante ouvir o público, que é, de fato, quem dita a nova revolução.

Agora que você já sabe como surgiu o conceito de qualidade no contexto dos processos produtivos, vejamos como esse conceito é aplicado aos setores mercadológicos.

1.1.1 Sistema de gestão da qualidade aplicado a empresas

Não há como falar de qualidade aplicada a empresas sem antes descrever o Sistema de Gestão da Qualidade (SGQ) e sua implantação nas empresas.

Você já deve ter ouvido falar em certificações que comprovam a qualidade promovida por determinadas empresas. É justamente o SGQ que determina os critérios que garantem a qualidade total.

Quando uma empresa estabelece a qualidade de maneira sistemática, todos os setores são conectados e trabalham com o objetivo comum de manter a gestão mais organizada. Todo esse trabalho é transformado em hábito; assim, a empresa desenvolve uma cultura que preza a qualidade.

Elaborada pela Organização Internacional de Padronização (International Organization for Standardization – ISO), a ISO 9001:2015 (versão mais recente, até o momento) é uma norma que descreve o SGQ como as ações que promovem a padronização de determinados produtos e serviços para que sua qualidade seja melhorada. Essa norma propõe a necessidade de implantação de um sistema para que as empresas alcancem o padrão de qualidade mais apropriado às partes interessadas – que, nesse caso, são os *stakeholders* (clientes externos, acionistas, fornecedores, sociedade e empregados).

Segundo Reis e Melhado (1998), para iniciar o processo de implantação desse sistema, é necessária a criação de um comitê, nomeado como *comitê de gestão da qualidade*, que representará diferentes setores dessa empresa e será responsável pelo planejamento, sendo dirigido por um gestor da qualidade. Durante a implantação, a empresa receber um diagnóstico do comitê da qualidade. Depois de mensurada a posição da empresa quanto à qualidade, são definidos os elementos necessários à composição do sistema de gestão da qualidade. Após toda essa análise, é hora de "colocar a mão na massa", ou seja, o comitê elabora um plano de ação, com prazos, cronogramas e responsáveis.

Exemplificando

Vamos imaginar que uma empresa de produtos de beleza deseje implantar o sistema de gestão da qualidade em seus processos. Vejamos quais são os passos necessários para realizar essa implantação:

a. Criação do comitê, incluindo pessoas dos setores de produção, de segurança do trabalho, de supervisão, de gestão de pessoas etc.
b. Realização de uma análise presencial em toda a fábrica, observando-se pontos com potencial de melhoria (controle de pragas, limpeza, desperdícios, necessidade de atualização de maquinários etc.).
c. Realização de análise de processos internos (procedimentos operacionais para produção, limpeza, manutenção, lista mestra, gestão de treinamento, arquivo de documentos, estoques, gestão de prestadores de serviços etc.).

d. Elaboração de ações que devem ser feitas para ajustar todas as não conformidades encontradas, com datas de previsão e responsáveis.
e. Acompanhamento até a conclusão de todas as etapas.

Após a consolidação da implantação, é criado um manual da qualidade da empresa, que servirá como política da qualidade. Esse documento será utilizado e colocada em prática por todos os participantes, bem como definirá os objetivos expressos em sua política.

Você consegue perceber a importância do SGQ para uma empresa? O SGQ se tornou um critério no âmbito do mercado competitivo. Isso é fácil de perceber, pois, quando vamos comprar algo, sempre comparamos a qualidade de produtos semelhantes entre si ou procuramos saber o *feedback* de serviços por meio de comentários ou de avaliações por estrelas.

1.2 Qualidade em indústria

Como vimos anteriormente, a qualidade é muito importante para que os produtos e os serviços sejam aceitos no mercado. No caso de produtos, ela serve como parâmetro de avaliação que determina se a mercadoria atende ou não aos requisitos ideais de peso, tamanho, cor, textura, sabor, entre outros aspectos considerados; no caso de serviços, estabelece se estes correspondem ao padrão de qualidade requerido pela empresa.

Com relação ao setor das indústrias, inicialmente cabe observar que elas oferecem diversos benefícios econômicos a um país. Além de grandes geradoras de empregos, movimentam a economia, cooperando para o crescimento e o desenvolvimento. Apesar de suas singularidades, o mercado está repleto de concorrentes, o que estimula as indústrias a adotar programas de qualidade como alternativa para a melhoria de seus produtos. No entanto, para que uma empresa se torne competitiva em nível mundial, é necessário que, além da qualidade de produtos e processos, as melhorias de políticas e gestão de recursos humanos também façam parte do elemento-chave para o alcance desse objetivo. Mas qual é a relação entre a qualidade e os custos desse setor?

A qualidade vai agir de forma que a empresa aumente sua margem de lucro por meio da redução máxima de desperdício. Para isso, é fundamental identificar as causas que tornam o processo menos lucrativo. Isso é possível mediante o uso de ferramentas desenvolvidas por diversos estudiosos da área.

De acordo com Moller (1992), citado por Jacovine (1996), as empresas gastam de 20% a 30% de seu faturamento com reparos de retrabalhos: correção de defeitos, tratamento de reclamações, sucateamento ou descarte de produtos defeituosos (refugo). A importância de um programa de gestão da qualidade se justifica, em sua abordagem econômica, pela mensuração dos investimentos e das perdas de produtos produzidos com a não qualidade. Assim, é possível determinar o retorno financeiro que a implantação de um projeto de melhoria de qualidade poderia atingir.

O controle da qualidade analisa, pesquisa e previne a ocorrência de defeitos em processos e em produtos, procurando evitar a ocorrência de possíveis riscos (Paladini, 2008). Porém, para tanto, as empresas precisam disponibilizar recursos financeiros que as auxiliem no recrutamento de especialistas, no desenvolvimento de estudos, na aquisição dos equipamentos necessários para medição, entre outros aspectos. Segundo Ohno (1997), a ideia básica é produzir apenas o necessário, no momento necessário e na quantidade requerida.

1.3 Qualidade na agricultura

No setor do agronegócio, a qualidade diz respeito ao envolvimento das pessoas no processo produtivo, motivando-as e fazendo-as contribuir para a melhoria de processos, por meio da utilização da ferramenta como elemento facilitador na implementação de sistemas da qualidade.

Santos (2005), por exemplo, utilizou as ferramentas da qualidade para avaliar o processo de aplicação de herbicida, realizando o controle: da qualidade de dispersão das gotas; das plantas daninhas; da falha entre passadas do pulverizador; e dos danos que o produto pode causar às culturas. Para obter as informações necessárias, foram empregados métodos, presentes entre as ferramentas da qualidade, para adequar o processo conforme suas variantes: o bico adequado, as condições climáticas do local, o tipo e a localização do alvo e o tipo do defensivo (fungicida, herbicida etc.).

Os custos vinculados a esse setor são relacionados ao uso intenso de herbicidas em pastagens, às doses dos ingredientes ativos indicados e à provável resistência das plantas infestantes às moléculas existentes no mercado. Se aplicados de maneira inconsequente, os herbicidas podem gerar perdas de produtos e custos altíssimos com a aquisição dos químicos utilizados. A aplicação de estudos e de ferramentas da qualidade permite controlar e mensurar a quantidade necessária desses produtos, de acordo com o grão plantado.

A análise garante, assim, que a atividade seja realizada de maneira eficaz e eficiente, contribuindo para a redução do desperdício de produtos, já que proporciona o direcionamento correto durante a execução da atividade, considerando-se a distância ideal para a aplicação eficaz, o volume adequado do orifício de saída e algumas contraindicações, de acordo com a situação do local.

1.4 Qualidade na construção civil

A qualidade na construção civil tem características particulares que dificultam a utilização prática das teorias modernas da qualidade. Faz-se necessária, portanto, a adaptação específica dessa teoria para sua aplicação ao setor da construção civil em virtude da complexidade de tal processo de produção (Souza, 1996).

Ainda segundo Souza (1996), as peculiaridades da construção que dificultam a transposição de conceitos e de ferramentas da qualidade aplicados na indústria são as seguintes:

a. A construção é uma indústria nômade.
b. Ela cria produtos únicos, e não em série.
c. Não é possível aplicar a produção em cadeia, e sim de forma centralizada (operários móveis em torno de um produto fixo).
d. Trata-se de uma indústria bastante tradicional, com expressiva inércia no que se refere a alterações.
e. Utiliza mão de obra intensiva e pouco qualificada, com baixa motivação pelo trabalho.
f. Normalmente realiza trabalhos sob intempéries.
g. Muitas vezes, o produto é único na vida do usuário.
h. São empregadas especificações complexas, frequentemente contraditórias e confusas.
i. As responsabilidades são dispersas e pouco definidas.
j. O grau de precisão com que se trabalha é menor, muitas vezes, que em outras indústrias.

Os custos da construção civil também compreendem a elaboração de orçamentos e atuam na concepção e na concretização do empreendimento, implicando a verificação da viabilidade técnica e econômica e a realização de análises, diagnósticos e prognósticos. Além disso, o planejamento de projetos também demanda custos, incluindo aqueles da própria organização, para a execução, os da compreensão das questões econômicas e os da programação relacionada com a distribuição das atividades no tempo.

1.5 Qualidade em serviços e no comércio

A prestação de serviços é uma das atividades promissoras entre as atividades econômicas praticadas no mundo. Nesse meio, criam-se empregos que proporcionam ao cliente mais conforto e menos preocupação. Podemos usar como exemplo o serviço de transporte particular disponibilizado por meio de aplicativos: hoje, já não é mais preciso ter um automóvel, pois, quando necessário, basta solicitar um carro, e um motorista particular leva o passageiro até o destino desejado; também seria possível, nesse caso, alugar um carro. Na prestação de serviços, contudo, a conexão entre fornecedor e cliente se torna mais complexa, uma vez que o cliente desenvolve exigências significativas.

O fornecimento de serviços pode ou não estar atrelado a um produto. No caso do serviço que oferece o transporte, nele estão incluídos a ação de transportar, o bom atendimento, o estado do automóvel, além de outros fatores. Em serviços, o custo está associado ao resultado proposto, podendo este ser positivo ou negativo.

Os custos sempre foram uma obstinação para qualquer empresa, o que permanece atual. Desde de que os conceitos de qualidade começaram a ser disseminados na área de gestão, reforçou-se a possibilidade de elevação dos custos (ainda que, com a qualidade, a intenção tivesse sido sempre a de evitar custos maiores). Dessa forma, o controle de qualidade passou a ser associado à inspeção dos resultados do produto ou serviço.

Já no comércio, embora o cenário seja semelhante, a qualidade se encontra envolvida não só nos produtos, mas também nos preços. Assim, o comerciante precisa trabalhar de modo que o consumidor final consiga obter um custo-benefício ao realizar a compra dos produtos oferecidos em seu estabelecimento.

Além dos custos com a estrutura física, o comerciante deve equipar sua loja buscando diversidade, qualidade e especificidade, o que demanda investimento. Manter-se atualizado diante do mercado também é crucial, pois facilita a aplicação da sazonalidade e de estratégias de preços.

1.6 Qualidade em serviços públicos e de saúde

Quando consideramos os serviços públicos de nosso país, nem sempre a conclusão é positiva. O mau funcionamento está atrelado, principalmente, às ordens gerenciais, que dificultam qualquer trâmite.

Os principais problemas enfrentados, nesse âmbito, têm sido a má alocação de recursos, a ineficiência, os custos crescentes e a desigualdade nas condições de acesso dos usuários. Muitas vezes, porém, também as aplicações não são bem direcionadas, dificultando a gestão interna desse serviço. Deve-se levar em conta, ainda, que não há o devido controle em relação às diretrizes de trabalho, de forma a monitorar a ocorrência de possíveis estorvos. Tudo isso coopera para que tais serviços sejam entregues com inúmeros problemas, prejudicando diretamente o usuário final.

A qualidade nas organizações de saúde pode ser interpretada da seguinte maneira: preocupação constante em criar e manter, entre todos os que estão ocupados nas organizações de saúde (administradores e funcionários), o entendimento quanto à estrutura e ao processo das intervenções; e preocupação em relação aos resultados que satisfaçam as necessidades emergentes e as demais demandas dos clientes usuários. As principais dimensões observadas no setor de saúde são:

- **Confiabilidade**: é gerada pela habilidade de fornecer aquilo que foi acordado de maneira segura e precisa.
- **Segurança**: os clientes desejam, dos prestadores de serviços, a habilidade de transmitir segurança e confiança, por meio do conhecimento, além da cortesia dos funcionários.
- **Aspectos tangíveis**: os aspectos físicos que contribuem para a prestação do serviço também têm sua importância como fator de influência (por exemplo, instalações, equipamentos, limpeza do local, aparência dos funcionários etc.).
- **Empatia**: diz respeito ao grau de cuidado e atenção pessoal dispensado aos clientes, como a capacidade de se colocar no lugar dos outros e a receptividade no momento de servir.

Para manter esse serviço ativo, é necessário suprir algumas necessidades que geram custos, como aqueles destinados a: pessoal, material de consumo, serviços de terceiros, local físico (água, energia, internet etc.), rouparia, entre outros.

A gestão de custos deve ser estudada e analisada de forma que seja possível observar se a distribuição coopera para a entrega ao consumidor final. Assim, todo o conjunto de itens que ajudam a satisfazer o usuário, mencionado anteriormente, deve ser monitorado a todo momento; caso contrário, o objetivo não pode ser controlado.

2

Custo da qualidade e da não qualidade

A qualidade, em sua essência, contribui para que a empresa atue diretamente na melhoria sistêmica e obtenha, com ela, seus benefícios. Em contrapartida, se os princípios da qualidade não forem observados, alguns malefícios acompanharão a empresa, acarretando inúmeros prejuízos. Tendo isso em vista, cabe determinar os custos da qualidade e da não qualidade, os quais abordaremos neste capítulo.

Manter a qualidade requer arcar com custos, os quais se constituem nos esforços realizados com o objetivo de que o padrão preestabelecido seja alcançado. Para atingir certo padrão, é preciso investir em maquinário, mão de obra e estrutura, além de terceirização de serviços, de forma inteligente, buscando-se aqueles que se mostrem mais adequados aos objetivos da companhia, a fim de que seja possível realizar a entrega dos produtos ou serviços. Tudo isso gera um custo, mas é importante considerar que todo esse custo é revertido em lucro para a empresa.

Quando a instituição não satisfaz a aplicação dos itens necessários para a boa entrega, está fadada a sofrer o efeito do custo da não qualidade, que se enquadra em perdas produtivas e em rotatividade da mão de obra, bem como problemas com clientes, o que gera um prejuízo ainda maior. Além disso, existem os custos ocultos, que são difíceis de ser mensurados, pois afetam tanto a estrutura da empresa quanto o comportamento humano. Um exemplo desse custo é o desperdício de determinado material por erro em seu manuseio. Como ocorre de forma individual, é difícil mensurá-lo; assim, esse material é descartado, sem que alguém reconheça e contabilize a perda.

Agora, reflita: se a empresa não presta atenção aos custos já previstos, imagine o que ocorre quando ela descobre que por trás deles há ainda mais perdas.

2.1 Introdução aos custos da qualidade

Desde o momento em que a qualidade foi integrada à gestão, os custos se revelaram uma preocupação, pois a uma ideia brilhante está associado o orçamento a ser aplicado, apesar de o objetivo maior ser a diminuição desse número. De toda forma, o controle de qualidade em uma empresa está intimamente relacionado à inspeção, que ainda era focada no final do processo. Os custos da qualidade tornaram-se, então, sinônimo de inspeção, no sentido de se tratar de um "procedimento externo ao processo em si", e por isso foi reconhecida a importância de inspetores para controlar, com um olhar superior, os itens mencionados. Quanto maior a quantidade de inspetores, mais fácil alcançar os objetivos da empresa. Dessa maneira, foi possível concluir que a qualidade custa caro.

2.2 Ganhos e perdas com a não qualidade

A não qualidade representa a ausência de fidelidade ao projeto inicial. É importante observar que não é a qualidade em si que gera custos, e sim fenômenos que são observados em sua ausência. Podemos, então, dividir os custos da qualidade em custos aceitáveis e não aceitáveis: a primeira condição é referente aos custos planejados, enquanto a segunda é proveniente de falhas, ou seja, aquilo que deve ser eliminado.

Devemos notar, contudo, que a não qualidade tem o poder de gerar perdas. Sabendo que os custos são mensurados com base em alguns parâmetros controlados, vejamos quais são essas perdas em um processo produtivo:

- **Refugo**: consiste no produto com qualidade distante do padrão aceitável. Impossibilitado o reparo, a alternativa para evitar a perda total é realizar a venda do produto por um preço inferior.
- **Unidade defeituosa**: foge dos padrões preestabelecidos, embora seja possível realizar reparos e comercializá-la como peça normal.
- **Desperdício**: corresponde ao gasto dispensável ou excessivo, que não permite reparo ou venda em categoria inferior.
- **Sobras**: são provenientes da produção e apresentam condições de serem fornecidos a outras indústrias, como subproduto.

Com a ausência, no entanto, de programas de qualidade, a corporação não considera esses custos em seus processos; em contrapartida, perdas recorrentes e não tratadas podem gerar prejuízos ainda maiores.

2.3 Tipos de custos com qualidade

A qualidade conta com dois tipos de custos: custos da qualidade e custos da não qualidade. Tais custos são classificados em: custos de prevenção, custos de avaliação, custos de falhas internas; e custos de falhas externas, os quais abordaremos na sequência.

Figura 2.1 – Classificação dos custos da qualidade e da não qualidade

Custos Relacionados à Qualidade

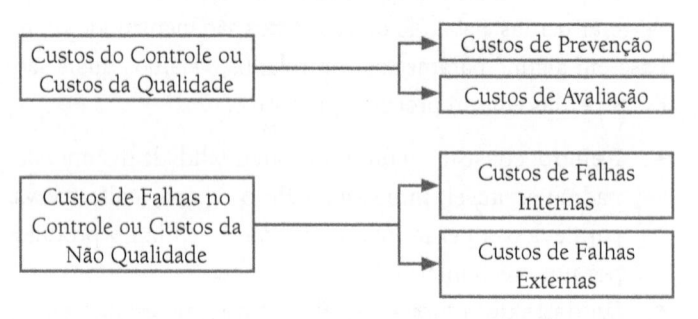

- Custos do Controle ou Custos da Qualidade
  - Custos de Prevenção
  - Custos de Avaliação
- Custos de Falhas no Controle ou Custos da Não Qualidade
  - Custos de Falhas Internas
  - Custos de Falhas Externas

Fonte: Rufino et al., 2012.

Essa classificação permite desenvolver políticas de manutenção da qualidade em diferentes etapas do processo produtivo, sendo algumas de caráter profilático e outras de caráter corretivo. Vamos exemplificar o que cada uma delas significa nos tópicos a seguir.

2.3.1 Investimentos em qualidade

Os investimentos da qualidade referem-se a qualquer implantação voltada para a melhoria de processos, sendo identificados como *custos da qualidade*.

Esses investimentos cooperam para a melhoria da gestão, objetivando a redução de perdas no processo.

Exemplificando

Uma empresa verificou que a produtividade de determinado turno estava inferior à registrada nos últimos meses. Não contente com a situação, solicitou que uma equipe realizasse a investigação para identificar o motivo de tal queda. Após três dias, a equipe de investigação retornou com a resposta: o motivo da diminuição da produtividade era a rotatividade de pessoal, que havia acontecido há um mês. Ao tomar conhecimento de toda a situação, o gestor providenciou que uma equipe de treinamento desse suporte ao quadro de pessoal. Nessa situação, podemos destacar como investimentos visíveis os investimentos com as equipes de investigação e de treinamento.

Deduzimos que toda e qualquer alteração promissora realizada em processos produtivos ou em serviços que tenha como objetivo reduzir os custos com a não qualidade será classificada como investimento em qualidade.

2.3.2 Falhas internas e externas

Segundo Corrêa e Gianesi (1994), os custos da qualidade mencionados anteriormente podem ser enquadrados nos exemplos a seguir:

- **Custos de prevenção**: são os custos de todas as atividades que visam impedir, preventivamente, os erros que podem ocorrer. Por exemplo: treinamento e desenvolvimento de pessoal; manutenção preventiva de equipamentos de processo; desenvolvimento de implantação de auditorias do sistema de qualidade; avaliação e desenvolvimento de fornecedores; desenvolvimento e implantação de auditorias do sistema de qualidade; aferição de instrumentos de medição; desenvolvimento de sistemas à prova de falhas.
- **Custos de inspeção**: são os custos de todas as atividades que visam checar se os erros ocorreram depois da execução da atividade, do serviço ou do produto. Por exemplo: inspeção e testes de material comprado; inspeção e testes ao longo do processo; inspeção e teste do resultado do serviço prestado; operação de sistemas de controle de processo; sistema de avaliação da qualidade do serviço pelo cliente.
- **Custos de falhas internas**: são os custos de todas as atividades que visam lidar com erros que ocorreram e foram detectados enquanto o cliente ou seu bem ainda estavam na organização. Por exemplo: refazimento imediato de serviço mal prestado; refugos e retrabalhos em bens do cliente ou bens facilitadores; compensações imediatas ao cliente por falhas na prestação do serviço; reorganização de processos e procedimentos após falha; negócios perdidos durante a correção da falha; diagnóstico das causas das falhas; custos com recuperação do cliente.

- **Custos de falhas externas**: são os custos de todas as atividades que visam lidar com erros que ocorreram e foram notados depois da prestação dos serviços ao cliente ou depois da saída do bem da organização. Por exemplo: garantia do serviço; retrabalho e resserviço; responsabilidades civis por falhas no serviço prestado; gerenciamento de reclamações; perda de fidelidade do cliente, afetando futuros negócios; testemunho desfavorável do cliente insatisfeito a outros potenciais clientes.

De forma geral, os custos são gerados a partir de falhas, que são de responsabilidade da empresa. Por isso cabe a ela resolver as consequências resultantes de cada situação, a fim de impedir/prevenir sua recorrência. Os custos, na maioria das vezes, não envolvem apenas a perda de capital, mas também a perda de clientes que foram prejudicados de alguma forma (pela falta de entrega do produto, pela entrega de produto com defeito etc.) e que, por essa razão, não voltaram a realizar novos pedidos na empresa.

3

Estratificação dos custos com qualidade

Uma empresa em funcionamento gera inúmeros custos, entre os quais uma parte se refere ao funcionamento físico, enquanto outros se devem à manutenção da produção. Para entender melhor esse tema, antes é preciso considerar a diferença entre custos e despesas:

- **Custo**: é toda aquisição relacionada ao processo produtivo, como estoques, aumento de produção, manutenção de máquinas e salários de funcionários.
- **Despesa**: é todo gasto necessário para manter a empresa, mas que não está relacionado ao processo produtivo, como material de escritório, equipamentos utilizados para a administração e energia elétrica do setor administrativo.

Os custos podem ser classificados como diretos ou indiretos. Este último é calculado por meio do rateio utilizado para definir o preço do produto ou do serviço. O custo direto, por sua vez, indica diretamente o produto ou o serviço oferecido e não se baseia em um critério para ser apropriado, diferentemente do custo indireto, que necessita de demanda e de quantidade específica para ser mensurado.

Conforme já mencionado, qualquer custo que for atrelado diretamente ao processo em questão será considerado custo direto; portanto, todo retrabalho que a ele for relacionado será também considerado um retrabalho direto.

Esse custo está associado à energia (tempo, insumos, mão de obra e equipamentos) utilizada para reparar os erros cometidos ou, ainda, para produzir o material perdido.

Todo esse processo é absolutamente dispendioso e, consequentemente, gera desperdício, o que resulta em perdas para a empresa, pois essa energia não pode ser recuperada. O fato é que a instituição perde tanto na produtividade quanto na qualidade, de modo que seus indicadores também são afetados.

Quando a perda se refere a defeitos de produção, algumas empresas realizam a repescagem desses produtos, fazendo-os retornar às linhas produtivas para que sejam reutilizados. Esse processo de repescagem pode ser feito manualmente ou por meio de maquinários. Quando manual, o processo é mais lento, o que potencializa a ocorrência de perdas.

Certa vez, presenciei uma situação em um processo de produção de gomas, que apresentava alto índice de perdas de insumos e de produtos por erro de fórmula ou erro no processo de embalagem.

Nesse dia, observei que um lote de gomas havia sido cortado erroneamente, alterando, assim, o peso total do produto. Para evitar a perda desse alimento, foi escalada uma equipe, que deveria realizar a abertura de todos os pacotes e separar o produto das embalagens em que estava acondicionado. Uma delas ficava diretamente conectada ao alimento, e a outra protegia as gomas e as separava por unidade, cada qual com cinco gomas embaladas.

O processo demorou dias e tomou tempo considerável da equipe, que realizava, ao todo, seis movimentos para cada unidade:

1. abrir a embalagem externa;
2. abrir a embalagem interna 1;
3. abrir a embalagem interna 2;
4. abrir a embalagem interna 3;
5. abrir a embalagem interna 4;
6. abrir a embalagem interna 5;
7. descartar todo o material de embalagem em um saco plástico;
8. colocar as gomas em um recipiente.

Além disso, toda a embalagem utilizada era descartada, gerando perda do material empregado.

Aparentemente, poderíamos afirmar que essa foi a melhor escolha do gestor da equipe, pois, de acordo com sua linha de raciocínio, esse procedimento seria capaz de reduzir a quantidade de produto perdido. Se pudéssemos, entretanto, contabilizar a mão de obra destinada à atividade, o valor poderia ser potencialmente maior.

Então, podemos perguntar: Qual seria a melhor saída para essa situação?

A ação imediata poderia, de fato, ser a que descrevemos, mas, paralelamente, seria necessário investigar também o motivo desse erro, ou seja, seria bem mais produtivo se a equipe trabalhasse para descobrir a causa da falha, iniciando, na sequência, o protocolo de contenção e de eliminação do problema, em vez de trabalhar propriamente no problema, o que não trouxe melhoria ao processo.

Exemplificando

Vamos imaginar uma situação do cotidiano, como a instalação de um chuveiro elétrico em sua residência. Durante o tempo de uso do aparelho, em torno de seis meses, você identificou que o chuveiro queimou cinco vezes. Em todas as vezes que ele queimou, você comprou uma nova resistência e realizou a troca.

Nessa situação, cada vez que você realiza a troca da resistência, ocorre retrabalho, pois há perda tanto de materiais (resistências, fiação, mão de obra e até mesmo a estrutura do chuveiro) quanto de seu tempo (trajeto para o local de compra, escolha do produto, tempo de conserto). Multiplicando-se tudo isso por cinco vezes, obtém-se um valor incômodo, certo?

Qual seria, então, a melhor forma de solucionar esse problema?

Primeiramente, seria necessário investigar qual foi o motivo que levou à queima do chuveiro. Se o problema foi o desligamento do disjuntor (que protege o circuito do chuveiro), pode-se cogitar fazer a troca da cabine. Se foi a redução da pressão da água, é necessário averiguar possíveis problemas nos encanamentos, na caixa-d'água ou em sua distribuição geral. Dessa forma, você vai agir com o foco no problema, eliminando a causa e também o retrabalho.

Roemer, Ahmadi e Wang (2000) indicam uma forma para estimar o retrabalho de um processo/atividade. Os autores discutem como o conhecimento da informação é repassado entre os estágios de um projeto e criam uma função de probabilidade para que exista um prognóstico correto. A fim de estabelecer um sentido detalhado, a abordagem do retrabalho deve avaliar seu impacto, valendo-se, sempre, de um plano de *overlapping*, que pode ser mensurado e analisado em termos quantitativos, e não somente como uma base intangível.

Esse procedimento permite que a empresa tenha mais segurança de seus processos, em decorrência da ação aplicada; desse modo, os prejuízos serão reduzidos, já que foram devidamente mapeados e previstos pela equipe de gestão operacional. Além de todo o estudo, é importante que as informações estejam encadeadas e unificadas, possibilitando, assim, que os cálculos realizados para contabilizar as possíveis falhas resultem em valores mais próximos do número real de ocorrências.

3.1 Custos com prevenção

A ação preventiva objetiva que o problema não volte mais a acontecer, ou seja, para que uma ação preventiva aconteça, é preciso que uma ação definitiva tenha sido aplicada anteriormente, a fim de gerar um processo. Independentemente da inexistência de uma não conformidade, as organizações devem sempre se antecipar, visando, com isso, à eliminação de possíveis causas de não conformidades potenciais.

A ação preventiva nada mais é do que a operação que antecede o problema; a ela, portanto, estão atreladas ações de análise de anomalias, bem como estudos referentes aos processos executados na organização.

Uma vez identificada a falha, por meio de um estudo, e aplicadas as ações necessárias para adaptar ou alterar o processo, impede-se que a situação seja prospectada. Assim, é possível prever a iminência de um cenário potencialmente gerador de perdas produtivas (custos) e de tempo.

Agir com antecedência sempre foi a melhor opção. Imagine que você tem uma viagem marcada e que utilizará seu carro como transporte. A indicação é que você realize uma manutenção preventiva do veículo para reduzir possíveis falhas em seu sistema, garantindo, assim, uma *performance* adequada durante todo o trajeto.

No entanto, se, nesse caso, você decidir não realizar a manutenção, a possibilidade de ocorrer algo imprevisível é grande. Fato é que uma ação preventiva pode reduzir as chances, mas não eliminá-las; porém, se porventura ocorrerem imprevistos, eles serão controláveis.

Os custos de prevenção são embutidos no planejamento, na implantação e na manutenção do sistema de qualidade, com o propósito de evitar defeitos nos produtos. Esses custos fundamentam-se na prática de medidas preventivas, que tendem a compensar os custos em virtude do aumento da qualidade. As práticas relacionadas a esses custos são:

- **Identificação das necessidades dos clientes**: refere-se aos custos associados às pesquisas para saber quais são as necessidades do público-alvo, bem como qual é sua percepção em relação à qualidade, a fim de garantir a satisfação do cliente.
- **Desenvolvimento do projeto do produto**: corresponde aos custos embutidos no período de desenvolvimento de um produto, antes do início de sua fabricação.
- **Suprimentos**: trata-se dos custos envolvidos no processo de seleção de fornecedores e na aquisição de materiais, de forma que a conformidade destes seja assegurada e não comprometa o padrão dos produtos a serem desenvolvidos.

- **Planejamento do processo produtivo**: são os custos relacionados à garantia do desenvolvimento das operações de produção, de acordo com as especificações de qualidade.
- **Administração da qualidade**: compreende os custos direcionados à gestão da qualidade, de modo a garantir a eficiência e a eficácia das políticas desenvolvidas com esse propósito.

3.2 Custos com manutenção

O custo de manutenção está incluído nos custos de falhas internas, visto que um maquinário necessita de uma programação, indicada pelo fabricante, para evitar falhas mecânicas e garantir, assim, a saúde dos colaboradores que atuam diretamente em seu manuseio. Contudo, mesmo que haja uma programação, o equipamento pode vir a ter seu funcionamento interrompido, pois há outros fatores que influenciam o desempenho de um aparelho, como a vida útil, o tempo de utilização e os cuidados pessoais ao manuseá-lo. Nesse caso, a companhia deve ter à sua disposição uma empresa destinada a realizar atendimentos de emergência.

Dessa forma, os custos embutidos nessa atividade são: os de terceirização para pronto atendimento; os de treinamento aos funcionários, para que estes realizem o correto manuseio; os de limpeza e demais cuidados; e, ainda, os custos de manter maquinários extras para casos de paradas não programadas.

3.3 Custos com falhas internas

Os custos com falhas internas correspondem aos custos relacionados à inspeção, que procura encontrar erros antes que o produto seja entregue ao cliente. Os itens relacionados são:

- **Falhas de projeto de produto**: são os custos provenientes de projetos inadequados, que estão em desacordo ou que provocam falhas no resultado final.
- **Falha de suprimentos**: são os custos resultantes das falhas relacionadas a materiais adquiridos para o setor ou a pessoas não preparadas para a função.
- **Falhas de operação de produtos**: referem-se aos produtos que apresentam defeitos durante o processo produtivo; representam um nível elevado em relação aos custos gerais da qualidade.

Outro custo com o qual as empresas convivem é aquele referente ao retrabalho, pois a energia utilizada para a produção é dobrada.

O retrabalho diz respeito a um processo resultante de uma produção que não atende aos padrões da qualidade, também conhecidos como *requisitos do cliente*. Trata-se de uma atividade extremamente comprometedora para os resultados econômicos da empresa, pois está atrelada à utilização de mão de obra e de equipamentos não previstos.

Portanto, o retrabalho não pode ser considerado um processo essencial a atividades ou à gestão no qual a informação ou a atividade necessária ainda não esteja disponível para acomodar os imprevistos de um projeto.

Embora algumas empresas disponham de setores, e até mesmo supervisores, para o retrabalho, cumpre assinalar que, com essa cultura, essas organizações estão fadadas ao insucesso, já que é preciso investir em mão de obra e em valores justamente com o objetivo de eliminar esse tipo de ocorrência, e não criar uma equipe de amparo a ela.

Como mencionado anteriormente neste livro, a realização de retrabalhos em um processo produtivo gera custos inesperados e desnecessários, pois se trata de uma falha que precisa ser corrigida. São exemplos de algumas dessas consequências negativas para a empresa:

- **Perda de tempo**: é preciso refazer o processo que falhou, em vez de dar seguimento a uma nova atividade.
- **Diminuição de produtividade**: os pedidos são atrasados em razão do gargalo gerado pelo reprocesso.
- **Insatisfação do cliente**: deve-se tanto ao atraso quanto ao não atendimento aos requisitos.
- **Perda da qualidade**: quando se trata de prazos, a rapidez na produção pode gerar defeitos.
- **Aumento do custo produtivo**: refazer significa usar mais insumos e recursos para a produção.
- **Desmotivação**: refazer algo já realizado é desmotivador, uma vez que o sentimento gerado é o de perda de tempo.

A identificação do retrabalho é o primeiro passo a ser dado na corporação, mas essa ação pode custar tempo se não for efetuada de forma minuciosa. Após essa identificação, o retrabalho deve ser eliminado da rotina ou da cultura da equipe operacional.

Pode-se eliminar o retrabalho por meio de práticas como: simplificação de processos; treinamento da equipe operacional; realização de manutenções periódicas em maquinários; investimento em novas tecnologias; realização de debates e conversas sobre as dificuldades encontradas em processos; mapeamento dos processos e suas irregularidades; e implantação de métodos de medição do processo, a fim de validar as especificações toleradas.

3.4 Custos com falhas externas

Os custos com falhas externas correspondem aos custos identificados após a saída do produto da empresa, enquanto este ainda está em processo de distribuição até o cliente. O principal impacto é a perda de credibilidade da instituição, comprometendo sua imagem no mercado. Os itens relacionados são:

- **Administração de reclamações**: corresponde aos custos decorrentes de reclamações de clientes, o que gera a necessidade de implantação de processos de investigação, de avaliação e de retorno das reclamações dos usuários.
- **Responsabilidade civil pelo produto**: envolve os custos jurídicos, as indenizações e os registros relacionados às reclamações de usuários em relação ao produto adquirido em não conformidade com as expectativas de qualidade.
- **Produtos e serviços devolvidos**: envolvem os custos com a logística de produtos devolvidos, o reparo, a contagem e a troca desses itens. Esse processo exige cautela, pois é crucial, já que advém de um erro e pode afetar permanentemente a imagem da empresa.
- **Solicitação em garantia**: diz respeito aos custos que ocorrem quando o produto apresenta não conformidades, mas ainda está no período de garantia. Compreende também os serviços das equipes envolvidas nesse processo.
- **Alteração das especificações do projeto**: corresponde à implantação de novos projetos com o objetivo de aprimorar a produção de determinado componente já em uso e de reduzir os problemas já calculados.

Entre os itens apontados, um deles nos chama mais a atenção: reclamações de clientes. Por que essa questão é tão temida pelas empresas?

Antes de identificar as situações que levam o cliente a reclamar, é importante entender como esse púbico delimita seus desejos e desenvolve suas opiniões.

Quando se fala em clientes, devemos considerar todos aqueles que fazem parte da cadeia de suprimentos e que, por esse motivo, recebem algum tipo de serviço, o qual pode estar relacionado a algum setor interno da empresa ou a algum produto/serviço final.

Os setores internos da corporação (produto intermediário), por sua vez, dizem respeito a um processo necessário a ser desenvolvido até que o cliente final receba o produto ou o serviço – por exemplo, o processo de envio do projeto estrutural de uma construção para a área de produção.

Já o cliente final refere-se ao próprio receptor do produto fabricado (como a compra de uma bicicleta) ou do serviço realizado (o serviço de conserto de uma máquina de lavar, por exemplo).

Uma empresa de sucesso se preocupa com a satisfação de sua rede de clientes e trabalha para que as relações sejam benéficas a todos eles, pois ela tem ciência de que sua clientela é composta de pessoas conectadas diretamente aos seus produtos ou processos.

A fim de que os desejos dos clientes sejam atendidos, é necessário, contudo, não apenas investir tempo e recursos, capazes de mantê-los satisfeitos, mas também compreender como essa expectativa é gerada.

A seguir, vejamos de que forma as expectativas criadas pelo cliente podem se manifestar, de acordo com Corrêa e Caon (2014).

- **Necessidades e desejos do cliente**: podem estar relacionados tanto a uma necessidade de satisfação, em decorrência de gatilhos suscitados por redes de anúncios, quanto a necessidades sociais, fisiológicas ou psicológicas do ser humano.

Exemplificando

No caso da necessidade de um cliente em relação ao tratamento para um problema crônico que tem gerado muita dor, ele busca a cura para viver melhor e também tem o desejo de aliviar sua dor; ambas a situações podem ser visualizadas individualmente. Se uma pessoa deseja colocar próteses de silicone por estética, ela tem apenas o desejo de ficar mais bela e confiante, e não a necessidade de melhorar sua saúde.

- **Experiência vivenciada pelo cliente**: pelas experiências do cliente, também é delimitado o grau de expectativa envolvido, fazendo-se uma comparação com os demais serviços utilizados.

Exemplificando

Você realiza a compra de uma *pizza* de determinada pizzaria; o sabor está incrível e a textura, perfeita. Esse momento ficará então registrado em sua memória e, na próxima vez que você pedir uma *pizza*, vai utilizá-lo como determinante para concluir se a *pizza* é boa ou não.

- **Comunicação boca a boca**: trata-se de uma forma orgânica de manter a continuidade das atividades da empresa. No caso de serviços, esse tipo de comunicação é ainda mais relevante, pelo fato de a execução ser momentânea. É claro que o resultado de um bom trabalho é visto no

decorrer do tempo, mas o serviço atrelado a um objeto é diferente do serviço prestado em uma cirurgia plástica, por exemplo, que é uma atividade irreversível. O resultado é algo explícito, real e notável, sendo esta a única forma de avaliar a boa ou a má execução do trabalho de um cirurgião plástico, pois, além dos *feedbacks* das pessoas que passaram pelo procedimento, há também o resultado factual da cirurgia. No entanto, apesar de ser um tipo de comunicação válido, a comunicação boca a boca pode ser fatal, caso sejam propagadas informações negativas sobre o produto ou o serviço.
- **Comunicação externa**: enquadram-se nesse tipo todos os meios comunicacionais externos, como *sites* de avaliação, propagandas e exposição de méritos (diplomas nas paredes, por exemplo). Embora seja um método sem muitos recursos, apresenta pontos positivos: os meios externos de comunicação influenciam a expectativa do cliente, pois, quando um local tem variados méritos, o cliente é levado a esperar muito dele, e sua expectativa se eleva. Essa influência, porém, pode impactar de maneira negativa, o que poderá ser desastroso.

Exemplificando

Imagine um cliente que busca um serviço de viagens. Como o local escolhido não foi frequentado por alguém próximo, o cliente realizou a pesquisa utilizando a internet. Encontrou, então, um local cujo *site* mostrava diversos méritos e premiações pela qualidade do serviço prestado, o que se tornou um diferencial para sua decisão de escolha dessa empresa. No momento da viagem, entretanto, o cliente se deparou com diversos problemas, o que o deixou frustrado com a situação, influenciando-o a decidir não utilizar mais o serviço. Nesse caso, a empresa perdeu o cliente para a concorrência e ainda correu o risco de ser difamada nas redes sociais.

A questão aqui é que a empresa deve garantir que seus funcionários realizem as atividades com a mesma qualidade em todos os locais de venda; caso contrário, a imagem da companhia poderá ser prejudicada.

- **Preço**: o preço é um ponto importante, pois está relacionado à qualidade. Para o cliente, quanto maior o valor, maior é a expectativa em relação ao produto ou serviço. Isso é facilmente percebido, por exemplo, nas situações em que há a alteração do preço de um item em um supermercado e a demanda desse produto aumenta, esgotando-se antes dos demais. Por isso uma rede de serviços de alta classe tem clientes fiéis, já que a oferta desse tipo de serviço transmite uma aura de exclusividade àqueles que o frequentam.

Em razão da individualidade de cada cliente, a escolha dos itens pode ser afetada e influenciada também por: experiências passadas; forma de interação da empresa com ex-clientes, eventuais clientes e clientes da concorrência; aquisição de novos clientes ou venda de clientes antigos; e retenção e conversão de clientes.

Conforme mencionamos anteriormente, a clientela pode ser classificada em dois tipos: o grupo interno e o grupo externo. A seguir, vamos abordar, em detalhes, cada um deles, destacando como ocorrem as reclamações.

Apesar de a empresa focar sempre o atendimento às expectativas do cliente – conseguindo, na medida do possível, superá-las –, é possível que ocorram falhas nesse contato, o que ocasionará a frustração do cliente final.

Além disso, a empresa pode ter contato com um cliente que apresenta maior dificuldade de relacionamento, mostrando-se impaciente, intolerante ou nervoso, situação que certamente prejudicará eventuais atendimentos, gerando, assim, reclamações.

Sabemos que toda e qualquer empresa está sujeita a possíveis falhas, que podem tornar os clientes insatisfeitos com algum aspecto particular da empresa e/ou do produto/serviço oferecido. Porém, quando se trata da entrega de produtos, é preciso ter muita atenção ao procedimento de pós-venda.

A etapa de pós-venda tem o poder de manter o cliente em uma cadeia de valor, por isso ela deve receber muito investimento da gestão, a fim de se tornar um processo capaz de atingir o necessário para entregar um atendimento de qualidade.

Essa etapa é tão importante quanto os processos de venda que ocorreram no momento anterior a ela. Dessa forma, uma excelente estratégia para garantir a fidelidade do cliente é manter o relacionamento com ele, para fazer atualizações e obter o retorno de seu parecer.

Um cliente insatisfeito que propaga informações negativas da empresa tem um potencial destrutivo muito maior que o potencial construtivo de um cliente satisfeito. Basta observar na internet que a quantidade de *posts* relatando uma experiência boa sobre algo é muito menor do que aquela de conteúdos publicados por alguém decepcionado, que desabafa sobre o produto de má qualidade que recebeu ou sobre o serviço incompleto que não atendeu às suas expectativas iniciais.

Com toda essa situação, muito provavelmente a empresa perderá um cliente, o que lhe acarretará prejuízo financeiro. O dano só não será pior que a propagação negativa em círculos de amizade, pois tal prática certamente é capaz de impedir a conversão de potenciais clientes.

Cardoso (2003) tem uma visão muito clara sobre a fidelização de clientes quando afirma: "Conquistar a fidelidade de um cliente é, cada vez mais, o desafio de empresas e profissionais preocupados não só com a sua competitividade, mas com sua própria sobrevivência no mercado. Alcançar esse objetivo, entretanto, requer uma série de cuidados".

Seguindo essa linha de pensamento, podemos entender que conquistar a fidelidade da clientela abre um horizonte de possibilidades para pensar sobre os motivos pelos quais a empresa deve se preocupar com a prestação de um serviço de qualidade.

Todavia, uma vez que o consumidor não esteja satisfeito, será necessário reconsiderar os inúmeros cuidados que se deve ter para continuar a mantê-lo em sua carteira de clientes e, de alguma forma, reconquistar sua confiança.

O pós-venda, desse modo, gera efeito nesse ponto específico, ou seja, o de compreender se o consumidor ficou satisfeito ou não com o serviço oferecido.

Muitas empresas realizam o pós-venda de maneira irregular ou apenas para oferecer novos produtos; nessa situação, o cliente terá aversão ao atendimento. O pós-venda, na verdade, requer muita atenção, pois seu principal motivo é a necessidade de transmitir ao consumidor a sensação de conforto e de preocupação por parte da empresa.

Considerando-se todas as falhas que podem ocorrer no processo, o consumidor necessita ser amparado e receber suporte após o fato. Dessa forma, a empresa poderá restaurar o relacionamento com o cliente.

No atendimento do pós-venda, portanto, é necessário ter empatia e humildade, visto que a empresa falhou com a entrega e deve compreender o estresse causado. Nesse sentido, a instituição é responsável por contratar pessoas que satisfaçam os requisitos de atendimento esperados para tais situações, sempre propondo uma solução ao problema. O funcionário jamais deve se deixar abalar, pois precisa entender que o comportamento do cliente não é pessoal.

Exemplificando

Vamos imaginar que uma pessoa comprou determinado produto comestível e, no momento de consumo, identificou a falta de um componente importante que a marca oferece, como no caso da compra de uma bolacha recheada que veio sem o recheio.

O cliente vai se frustrar com a situação e é nesse momento que a empresa deverá agir. Se o consumidor entrar em contato com a instituição por meio do Serviço de Atendimento ao Cliente (SAC), este deverá recebê-lo com toda a atenção, para que ele se sinta importante.

A instituição deve demonstrar empatia e compreensão caso o consumidor esteja alterado. Propor a solução, nesse contexto, é a melhor saída. Por isso é importante manter nesse setor pessoas que estejam dispostas a resolver, com calma e respeito, dúvidas e reclamações. Prezar a qualidade do atendimento é investir em treinamento de equipe para que, juntos, os colaboradores consigam enfrentar os desafios.

Os treinamentos podem ser voltados ao equilíbrio emocional e à postura correta a ser adotada para prestar um atendimento de qualidade, no qual o funcionário se preocupe com a efetiva resolução do problema, e não com o simples desejo de "estar com a razão".

Em um momento delicado como esse, a única intenção do cliente é não se sentir injustiçado pela empresa que presta aqueles serviços; assim, a companhia pode lhe oferecer a mercadoria (algumas enviam quantidades maiores do que aquela adquirida pelo consumidor) ou, ainda, ressarcir o valor gasto na compra do produto. Todas essas alternativas não se equiparam ao prejuízo que a empresa sofreria com a perda desse cliente, o que comprova a necessidade de tal abordagem.

Como a empresa deve agir nessas situações? Ela sempre deve manter um cadastro atualizado do cliente e acompanhar suas compras. Depois, ela deverá entrar em contato para compreender se o consumidor está satisfeito ou não com o serviço prestado ou com o produto adquirido.

Mas por que fazer isso?

Há muitos benefícios resultantes da aplicação do pós-venda com os clientes, entre os quais destacamos quatro:

1. **Impressão positiva da empresa que ouve o cliente**: é importante ouvir o consumidor, especialmente se considerarmos o momento de imediatismo em que vivemos hoje. Ligar apenas para saber qual é o retorno do cliente torna-se um grande diferencial, você concorda? Esse ato pode gerar uma impressão ainda mais positiva para o consumidor, fazendo-o divulgar a empresa, de forma gratuita e eficiente.
2. **Fidelização do cliente**: uma ligação pode se revelar um diferencial para o consumidor, pois ele compreende que a empresa não o vê como mais um consumidor de seus produtos, e sim como uma pessoa. Fazer o cliente sentir-se importante resultará em sua fidelização.
3. **Mais contentamento na realização da compra**: valorizar o cliente fará com que ele se sinta especial com a situação.

4. **Satisfação do cliente**: o principal objetivo do pós-venda é permitir que o consumidor esteja totalmente satisfeito. Se a experiência foi ruim, a empresa tem o dever de trabalhar para mudar a impressão e compensar os prejuízos gerados. Não é difícil, basta ter muita cautela e atenção. É claro que o cliente ficará um tanto desconfiado em relação à imagem da empresa, mas seu retorno será real, pois ele compreendeu que a empresa zela por ele.

Reclamações de cliente externo representam uma situação preocupante para a empresa, mas que pode ser resolvida com a aplicação de todas as ferramentas elencadas anteriormente. Embora seja possível restaurar o relacionamento com o cliente, as ações a serem tomadas nesse sentido certamente exigirão muito esforço da empresa, por isso é importante não falhar novamente.

3.5 Custos com avaliação

Os custos com avaliação correspondem aos custos para o controle do padrão assegurado pela qualidade durante e após a criação do bem, ou seja, associam-se à determinação do nível de conformidade da execução com os requisitos de qualidade predeterminados. A seguir, vejamos as práticas relacionadas:

- **Inspeções e ensaios em produtos adquiridos**: correspondem aos custos de estudos e programas de testes, os quais garantirão que o produto esteja de acordo com as características exigidas em sua funcionalidade.
- **Avaliação de operações**: compreende os custos voltados aos sistemas de avaliação responsáveis por inspecionar o produto durante o processo produtivo, avaliando se ele está de acordo com os requisitos ou não.

3.6 Estudo de caso

Em determinada empresa, prestadora de serviço de manutenção de máquinas, alastraram-se problemas no âmbito das equipes, de forma que o cliente não estava mais satisfeito com os resultados entregues. Como o índice de reclamação era alto, a gestão decidiu realizar estudos para solucionar o caso.

A fim de que o objetivo fosse alcançado, foi decidido entre as partes que a meta solicitada pelo cliente era de dois dias úteis para a realização do atendimento. Foi feito, então, o primeiro levantamento de dados, cujo resultado é apresentado no Gráfico 3.1, a seguir.

Gráfico 3.1 – Meta no primeiro levantamento

Tempo de análise para tratativa de casos por semana

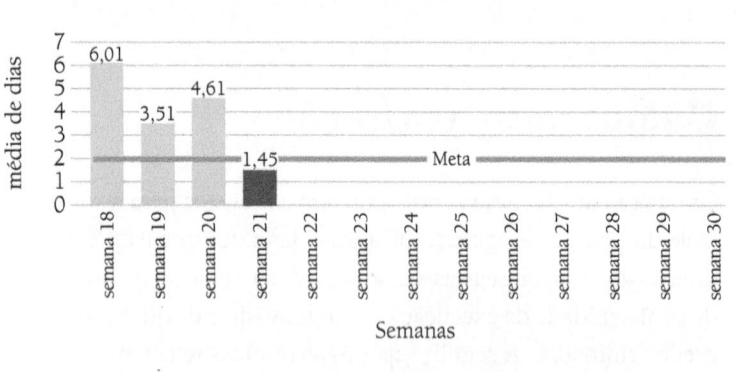

Semana	Média de dias
semana 18	6,01
semana 19	3,51
semana 20	4,61
semana 21	1,45
semana 22	
semana 23	
semana 24	
semana 25	
semana 26	
semana 27	
semana 28	
semana 29	
semana 30	

Meta: 2

Pelos dados, podemos perceber que a média de dias utilizados no primeiro levantamento estava abaixo da meta. Diante disso, decidiu-se realizar estudos para compreender os motivos que impediam os funcionários de atingir essa meta.

Utilizou-se, para isso, um diagrama de Ishikawa, no qual se identificaram os problemas potenciais (Figura 3.1).

Logo após, foi efetuado o levantamento dos motivos de cada caso analisado que não havia sido tratado no prazo de dois dias, com o objetivo de compreender as maiores dificuldades encontradas, as quais poderiam comprometer a meta proposta no acordo.

Figura 3.1 – Diagrama de Ishikawa

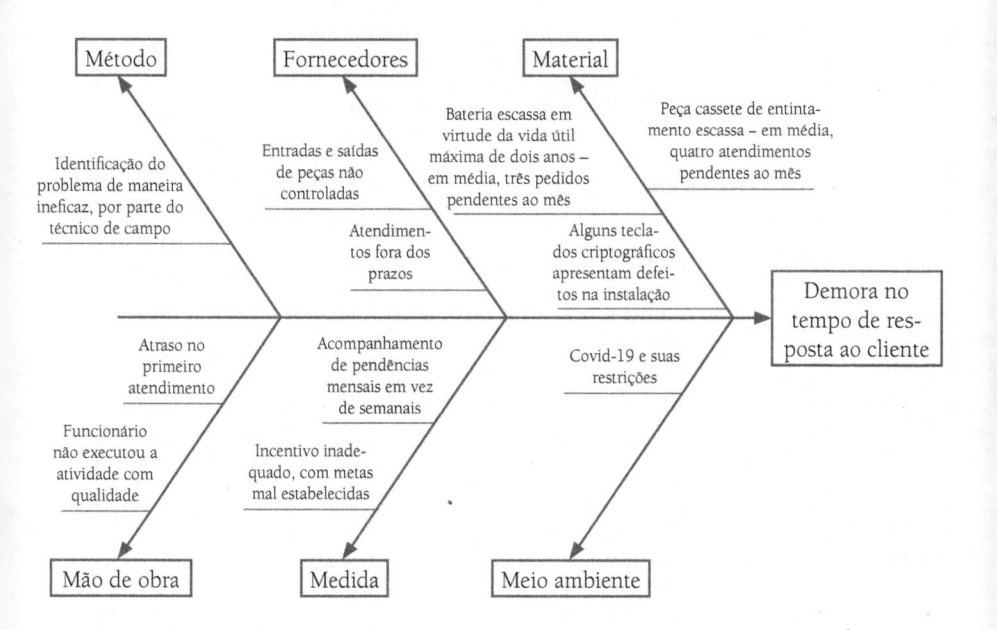

```
      Método              Fornecedores            Material
                                          Bateria escassa em        Peça cassete de entinta-
                          Entradas e saídas  virtude da vida útil   mento escassa – em média,
  Identificação do        de peças não     máxima de dois anos –    quatro atendimentos
  problema de maneira     controladas      em média, três pedidos   pendentes ao mês
  ineficaz, por parte do                   pendentes ao mês
  técnico de campo              Atendimen-          Alguns tecla-
                                tos fora dos        dos criptográficos
                                prazos              apresentam defei-
                                                    tos na instalação        Demora no
                                                                             tempo de res-
                                                                             posta ao cliente
         Atraso no         Acompanhamento
         primeiro          de pendências      Covid-19 e suas
         atendimento       mensais em vez     restrições
                           de semanais
  Funcionário
  não executou a           Incentivo inade-
  atividade com            quado, com metas
  qualidade                mal estabelecidas

   Mão de obra              Medida               Meio ambiente
```

Com relação a todos os problemas identificados, é necessário, como proposto no diagrama, aplicar o método dos cinco porquês; porém, aqui apresentaremos somente um exemplo, que, no caso em questão, é a situação mais frequente: bateria escassa.

A seguir, no Quadro 3.1, observea aplicação dos cinco porquês.

Quadro 3.1 – Aplicação dos cinco porquês com base nas informações da Figura 3.1

CAUSA	Por quê?	Por quê?	Por quê?	Por quê?	Solução
Bateria escassa (devido à vida útil máxima de dois anos – em média, três pedidos pendentes ao mês).	Setor da empresa não prevê falta de peças.	O controle de entrada e saída é inadequado.	O pedido mensal é fixo (ex.: cinco peças ao mês).	Foi estipulada a quantidade por meio de estudo obsoleto.	Realizar estudo para adequar a quantidade mínima que o estoque precisa conter (estoque de segurança).
					Acompanhar a quantidade de entrada e saída do estoque.
	Setor da empresa não recebeu a peça em tempo hábil.	Peças chegam com atrasos no operador logístico.	Fornecedores não atendem no prazo adequado.	Transporte dificultado em virtude da pandemia.	Revisar a programação de pedidos de baterias, solicitando peças com três meses de antecedência.
	Não durou o tempo de vida útil indicado pelo fabricante.	O equipamento ficou muito tempo desligado.	Nobreak com defeito.	Desgaste de tempo de uso.	Programação preventiva semestral do equipamento (nobreak).
			Oscilação de energia.	Há problemas de infraestrutura.	Para situações internas: contratar serviço de carro oficina para realizar manutenção da rede elétrica.
					Para situações externas: acionar companhia de energia elétrica para avaliar a situação do local e realizar o reparo.

(continua)

(Quadro 3.1 – conclusão)

CAUSA	Por quê?	Por quê?	Por quê?	Por quê?	Solução
			Problema de comunicação da rede do Banco do Brasil.	O sistema da operadora de fornecimento do *link* de comunicação e internet falhou.	Agendar periodicamente manutenção preventiva na rede.

O estudo de Ishikawa possibilitou, assim, maior visibilidade dos problemas encontrados no processo. Uma das dificuldades mais evidentes é a falta de peças no estoque da empresa, em que há um setor específico que é responsável pela função. A identificação dessa dificuldade, que engloba diversos setores da corporação, permite a compreensão, por parte da equipe, de que o sistema produtivo requer um trabalho conjunto em prol de um único objetivo, que é atingir a meta.

É importante observar, nesse sentido, que um setor pode interferir diretamente na entrega do serviço/produto ao cliente, mesmo que não tenha o contato direto com ele. Portanto, uma vez identificado o problema, deve-se realizar reuniões entre os setores e estipular metas individuais e coletivas, a fim de desenvolver o espírito corporativo.

Aplicados a todas as causas, os cinco porquês resultaram em ações, a saber:

- analisar, diariamente, demandas que não correspondam às características e às solicitações de inclusão no contrato;
- criar uma rotina de revisão diária dos chamados não integrados aos sistemas, além de fazer o mapeamento e o reporte ao setor responsável pela manutenção e funcionamento do sistema, para o encaminhamento de tratativas;
- reagendar atendimentos *in loco* e tratá-los com prioridade para que os locais sejam atendidos;

- solicitar ao cliente a revisão do contrato de fornecedores;
- gerir o estoque do operador logístico de forma que haja estoque de segurança para possibilitar atendimento fora do escopo;
- atualizar premiações de metas atingidas para os colaboradores;
- capacitar a equipe técnica de modo a orientá-la a utilizar o suporte técnico para auxiliar no diagnóstico do problema;
- solicitar, via *e-mail*, treinamentos da equipe técnica, para melhorar seu desempenho;
- criar um cronograma de treinamento para engajar o time.

Parte das ações foram aplicadas de imediato, como os treinamentos e as análises diárias dos casos, o que gerou resultados expressivos. Inicialmente, foi tratada a interface pessoal – ou seja, relacionada diretamente com a pessoa que executa a atividade – de forma paliativa. Isso, no entanto, não é suficiente para produzir bons resultados a longo prazo, pois podem ocorrer interferências na motivação dos executantes, por diversos motivos.

Os resultados obtidos podem ser apreciados no gráfico da meta, que apresentou melhoras significativas (Gráfico 3.2).

GRÁFICO 3.2 – Meta no segundo levantamento

Tempo de análise para tratativa de casos por semana

média de dias / Semanas

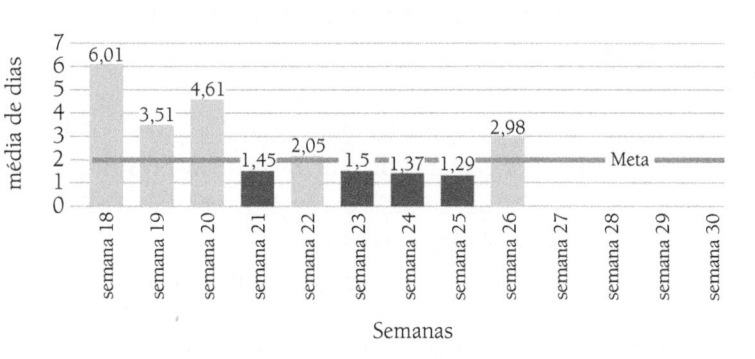

Valores: semana 18: 6,01; semana 19: 3,51; semana 20: 4,61; semana 21: 1,45; semana 22: 2,05; semana 23: 1,5; semana 24: 1,37; semana 25: 1,29; semana 26: 2,98 — Meta

Após a intensificação das ações, os resultados ao final de três meses foram os que constam no Gráfico 3.3.

GRÁFICO 3.3 – Meta no terceiro levantamento

Tempo de análise para tratativa de casos por semana

média de dias / Semanas

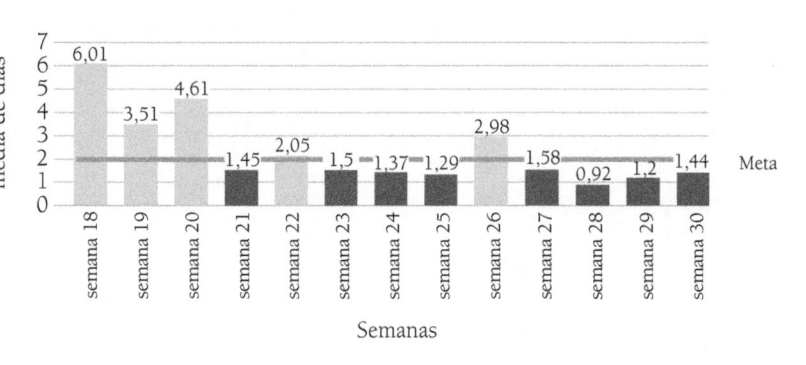

Valores: semana 18: 6,01; semana 19: 3,51; semana 20: 4,61; semana 21: 1,45; semana 22: 2,05; semana 23: 1,5; semana 24: 1,37; semana 25: 1,29; semana 26: 2,98; semana 27: 1,58; semana 28: 0,92; semana 29: 1,2; semana 30: 1,44 — Meta

Como podemos observar, a semana 26 apresentou a média fora da meta; investigando-se os motivos, foi identificado que tal fato se deveu aos treinamentos aplicados ao time, o que fez o executante da atividade ultrapassar o período de atendimento. De todo modo, os resultados são relativamente bons, se comparados às informações das semanas iniciais.

Neste ponto, vale ressaltar que, para a realização de cada cálculo, foi utilizada a média de dias destinados ao tratamento do caso, ou seja, a média fornece um número um tanto superficial.

Sabia-se que, para realizar essa mudança, os resultados não viriam de imediato. Então, foi levantado o período máximo (em dias, por semana) de que os colaboradores precisaram para tratar as demandas e encontrou-se abertura para continuar trabalhando esses problemas.

Os resultados podem ser vistos no Gráfico 3.4, a seguir.

Gráfico 3.4 – Máximo de dias de tratamento por semana

Dias máximos de tratamento por semana

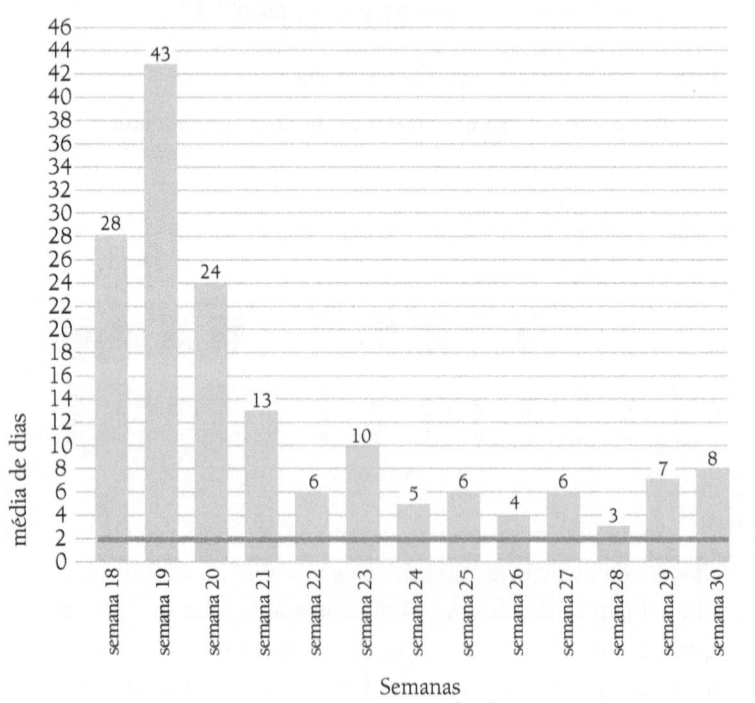

Semana	Média de dias
semana 18	28
semana 19	43
semana 20	24
semana 21	13
semana 22	6
semana 23	10
semana 24	5
semana 25	6
semana 26	4
semana 27	6
semana 28	3
semana 29	7
semana 30	8

Meta: 2

Entretanto, pelo gráfico, é possível visualizar que não se alcançou a meta em nenhuma das semanas analisadas, isto é, embora a média tenha sido positiva (o que significa que a maioria dos casos atingiu a meta), ainda se identificaram os mesmos problemas e indicadores para avaliar e tratar esses casos.

A fim de promover o controle e a organização das possibilidades para solucionar o caso, será veementemente necessário que os acompanhamentos dos casos persistam, com atenção a nuances e detalhes de cada elemento.

Da mesma forma, o conjunto dos problemas encontrados deverá ser escalado e relatado aos responsáveis, ocupantes da alta gestão, de maneira que todos da empresa, independentemente da função, cooperem para realizar o serviço conforme as solicitações do cliente.

No próximo capítulo, veremos em que consistem as ações imediata, corretiva e preventiva e quando utilizá-las.

4

Gestão de riscos na qualidade

Segundo a norma ABNT NBR ISO 31000:2009, a gestão de riscos constitui o conjunto de "atividades coordenadas para dirigir e controlar uma organização no que se refere a riscos" (ABNT, 2009, p. 2). Essa gestão tem como princípios a melhoria contínua de processos, produtos e serviços, com o propósito de satisfazer os clientes. Para que isso seja possível, é necessário realizar um levantamento de dados e informações e tratá-los devidamente, de modo a visualizar aqueles efeitos que, de alguma forma, possam prejudicar os processos e os serviços.

A gestão de risco se tornou um diferencial para as empresas, principalmente após a globalização, que incentiva a eliminação total dos riscos e a necessidade de mitigação ou de tratamento das ocorrências levantadas. Essa abordagem torna a empresa mais atrativa no mercado, em decorrência dos seguintes fatores: credibilidade do produto ou serviço; redução dos custos, em termos de melhoria de processos e redução de retrabalho; e reconhecimento do consumidor final, que está cada vez mais exigente. Nesse cenário, as empresas que conseguem controlar a qualidade de seus produtos e processos têm sua imagem garantida no mercado, já que esta é assegurada pela qualidade dos produtos e serviços oferecidos.

Contudo, as instituições precisam ter em mente que o risco não implica, necessariamente, um empecilho, pois, se ele for controlado e tratado e seu custo for conhecido, será possível conviver com ele.

Para que o processo seja continuado, a criticidade exige medidas de tratamento de acordo com índices predeterminados.

Figura 4.1 – Resumo dos processos de gerenciamento dos riscos do projeto

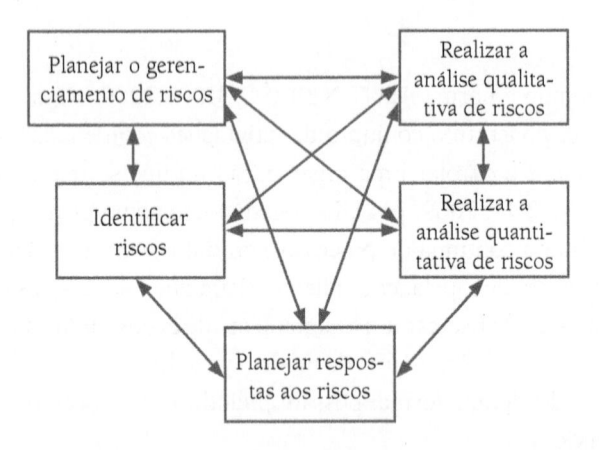

```
┌─────────────────┐         ┌─────────────────┐
│ Planejar o ge-  │ ◄─────► │   Realizar a    │
│ renciamento     │         │ análise quali-  │
│ de riscos       │         │ tativa de riscos│
└─────────────────┘         └─────────────────┘
      ▲                            ▲
      ▼                            ▼
┌─────────────────┐         ┌─────────────────┐
│   Identificar   │ ◄─────► │   Realizar a    │
│     riscos      │         │ análise quanti- │
│                 │         │ tativa de riscos│
└─────────────────┘         └─────────────────┘
              ▲                ▲
              ▼                ▼
           ┌─────────────────────┐
           │  Planejar respos-   │
           │   tas aos riscos    │
           └─────────────────────┘
```

Fonte: Elaborado com base em Oliveira, 2012.

4.1 Princípios e processos da gestão de riscos na qualidade

Alguns princípios devem seguidos para que a gestão de riscos seja realizada de forma eficaz. São eles:

a. **Criar valor**: a gestão de riscos contribui para a realização de ações que atinjam os objetivos e sistematizem a melhoria de processos. Podemos citar como exemplos a segurança e saúde das pessoas e a conformidade legal e regulatória à aceitação pública, à proteção do meio ambiente, à qualidade do produto, ao gerenciamento de projetos, à eficiência nas operações, à governança e à reputação.

b. **Ser parte integrante dos processos organizacionais**: a gestão de riscos não é uma atividade autônoma, separada dos demais processos e atividades da organização. Ela faz parte das responsabilidades da administração e deve integrar todos os processos organizacionais, incluindo o planejamento estratégico e os processos de gestão de projetos e gestão de mudanças.

c. **Participar da tomada de decisões**: a gestão de riscos ajuda os tomadores de decisão a fazer escolhas conscientes, a priorizar ações e a distinguir entre formas alternativas de ação.

d. **Abordar explicitamente a incerteza**: a gestão de riscos leva em consideração não só a incerteza, mas também sua natureza e a forma como pode ser tratada.

e. **Aplicar uma abordagem sistemática, estruturada e oportuna**: uma abordagem sistemática, oportuna e estruturada da gestão de riscos contribui tanto para a eficiência quanto para a obtenção de resultados consistentes, comparáveis e confiáveis.

f. **Basear-se nas melhores informações disponíveis**: as entradas para o processo de gerenciamento de riscos são baseadas em fontes de informação, tais como dados históricos, experiências, retroalimentação das partes interessadas, observações, previsões e opiniões de especialistas. Convém, entretanto, que os tomadores de decisão se informem e levem em consideração quaisquer limitações de dados ou modelagem utilizados, bem como a possibilidade de divergências entre especialistas.

g. **Ser feita sob medida**: a gestão de riscos está alinhada tanto com os contextos interno e externo da organização quanto com o perfil do risco.

h. **Considerar fatores humanos e culturais**: a gestão de riscos reconhece as capacidades, as percepções e as intenções do pessoal, interno e externo, que podem facilitar ou dificultar a realização dos objetivos da organização.

i. **Ser transparente e inclusiva**: o envolvimento apropriado e oportuno de partes interessadas e, em particular, dos tomadores de decisão, em todos os níveis da organização, assegura que a gestão de riscos permaneça pertinente e atualizada. O envolvimento também permite que as partes interessadas sejam devidamente representadas e tenham suas opiniões levadas em consideração na determinação dos critérios de risco.

j. **Ser dinâmica, interativa e capaz de reagir a mudanças**: a gestão de riscos continuamente percebe as mudanças e reage a elas. À medida que acontecem eventos externos e internos, o contexto e o conhecimento se modificam, o monitoramento e a análise crítica de riscos são realizados, novos riscos surgem, alguns se modificam e outros desaparecem.

k. **Facilitar a melhoria contínua da organização**: convém que as organizações desenvolvam e implementem estratégias para melhorar sua maturidade na gestão de riscos com todos os demais aspectos organizacionais.

4.1.1 Importância das tomadas de decisões

A tomada de decisão é uma ação de grande responsabilidade para as corporações. O diálogo e o planejamento, portanto, são fundamentais, embora nem sempre as tomadas de decisões sejam planejadas e estruturadas.

O procedimento envolvido na tomada de decisão exige atitude, conhecimento, habilidade e experiência – sendo os três últimos os principais fatores dessa lista –, pois o papel de importância das decisões está no desenvolvimento e na manutenção da qualidade e é lastreado em dados e em informações factuais.

1. O **conhecimento** está atrelado ao saber, ou seja, o entendimento teórico referente ao assunto. É desenvolvido por meio do acesso ao conteúdo em diversos formatos, os quais são enquadrados e formulados, resultando em um conceito.
2. A **habilidade** é o grau de competência para realizar algo, estando associada à facilidade de desenvolver uma tarefa atribuída. As técnicas para desenvolver habilidades podem ser aprendidas mediante o aperfeiçoamento, de forma que sejam automatizadas.
3. A **experiência** é a capacidade de entender e de abstrair o entendimento, de compreender, de aprender e de aplicar o resultado desse processo em novos formatos. O conhecimento pode ser desenvolvido por meio da experiência ou do raciocínio, fatores que competem apenas aos seres humanos.

4.2 Avaliação, análise e controle de riscos

De acordo com o respaldo legal e voltado ao alcance da qualidade do trabalho, as atividades realizadas por empresas tendem a manter um padrão quanto ao momento em que ocorrem, isto é, os processos seguem rotinas diárias, que são designadas aos funcionários conforme suas responsabilidades dentro da empresa.

No entanto, no transcorrer dessas rotinas diárias, existe também a possibilidade de algum imprevisto acontecer. Dessa forma, cada empresa deve ter algo antecipadamente preparado em seu planejamento, a fim de prevenir situações como essas, que podem gerar grandes perdas, caso o plano não seja efetivo.

Exemplificando

Vamos imaginar que você trabalha em uma empresa automotiva que fabrica peças para revender a uma montadora de carros. Em seu contrato, foi estipulado o prazo de 20 dias para realizar a entrega após a solicitação do cliente, que estimou uma média de, no máximo, 350 itens por pedido; logo, você precisa atendê-lo conforme o que foi acordado.

Até o momento, você atendeu às expectativas do cliente, sem qualquer dificuldade, mas não se preocupou com outros cenários que poderiam vir a acontecer. Há 2 dias, porém, o cliente fez um pedido de 300 peças, cuja produção foi iniciada com a quantidade fabricada de 48 peças, até o momento.

Sua empresa possui dois equipamentos de produção equivalentes, mas uma de suas máquinas quebrou, e seu assistente de manutenção não dispõe da peça necessária para consertá-la. Você também não tem estoque de segurança do produto. Dessa forma, será necessário realizar um pedido de compra ao fornecedor, que faz a entrega em até 20 dias.

Tendo em vista o volume de peças solicitadas e considerando que sua empresa se mantém ativa no horário dos 3 turnos, escala 6x1 (6 dias trabalhados para folgar 1 dia), e que sua produtividade é 1 peça a cada 2 horas, você conclui que não entregará o produto ao cliente no prazo estipulado e ainda terá de pagar uma multa de R$ 5.000,00/dia.

O que poderia ter sido planejado para evitar essa situação? Quais alternativas poderiam ter sido tomadas? Para responder a essas questões, é preciso analisar o problema como um todo e identificar as fraquezas envolvidas:

a. A empresa observa adequadamente a periodicidade de manutenção dos maquinários?
b. A empresa realiza gestão de estoque (estoque mínimo e máximo) de produtos?
c. A empresa prevê a quantidade de pedidos realizados pelos clientes, assegurando o atendimento no prazo estipulado?

De início, a empresa tem de analisar os problemas antes de realizar uma ação. Para isso, é possível aplicar uma das ferramentas da qualidade, como a estratificação, a folha de verificação, o gráfico de Pareto, o diagrama de causa e efeito, o histograma, o diagrama de dispersão ou até mesmo o gráfico de controle.

Para tratarmos do problema citado no exemplo apresentado, utilizaremos o diagrama de Ishikawa (também conhecido como *espinha de peixe* ou *causa e efeito*) e os cinco porquês, o que nos possibilitará fazer uma análise geral da situação, para posterior desenvolvimento de ações e de melhorias.

Como vimos no capítulo anterior, o diagrama de Ishikawa tem como objetivo mapear a causa raiz dos problemas. Desse modo, ele permite analisar os vários fatores que originaram o problema ou as oportunidades de melhoria, a fim de gerar ações que eliminem as situações ocorridas. Sua efetividade depende da análise e da prática associadas ao que foi levantado por meio dele.

Quando planejado com atenção e de maneira detalhada, o diagrama de Ishikawa é capaz de fortalecer a qualidade do processo e, assim, evitar que a situação-problema aconteça em outra ocasião. Trata-se de uma ferramenta com grande potencial, mas cuja efetividade depende de como será estrutura no âmbito do plano em questão. Se não for tratado de forma analítica ou não for aplicado no processo posterior, o Diagrama de Ishikawa será apenas um documento arquivado.

De acordo com Britto (2016), o diagrama (ou 6M) possibilita a reunião dos maiores problemas presentes na empresa nas seis colunas que correspondem ao seu arranjo produtivo, a saber: matéria-prima, máquinas, medição, meio ambiente, mão de obra e metodologia.

Situação 1: o maquinário quebrou. A empresa não consegue prever que um maquinário vai quebrar, mas, com um cronograma de manutenção preventiva, de acordo com a orientação do fabricante, poderia evitar o ocorrido. Para isso, são necessários indicadores de manutenção preventiva com o cronograma de execução das atividades.

Situação 2: a empresa não dispõe de estoque de segurança. Isso é uma questão interessante, pois o estoque proporciona independência às empresas, pelo fato de impedir possíveis interrupções ocasionadas pela falta de matéria-prima (no caso de processo produtivo) ou relacionada a processos secundários (como peças para manutenção).

Pensando no problema citado no exemplo, podemos entender que o estoque de insumos garante a economia financeira da empresa em uma situação de compra emergencial – que se refere à aquisição da peça no menor tempo possível. O estoque de uma organização é utilizado exatamente nesses momentos, como no exemplo aludido.

Nesse caso, a empresa se limita a fornecedores que atendem ao prazo de entrega, mas não oferecem o melhor preço do mercado, ou se obriga a comprar em um varejo geograficamente próximo, mas que não tem flexibilidade de preços (quando a compra é em maior quantidade).

O estoque confere equilíbrio à empresa, portanto sua implementação é essencial para atender fielmente os clientes, mesmo em situações inusitadas. Como vimos no exemplo, se a empresa tivesse um estoque mínimo, a produção reduzida não afetaria o atendimento ao cliente.

É importante ressaltar que, para realizar o controle de estoque, a empresa pode fazer o uso de indicadores de entrada e saída de produtos, além do estudo de estoque mínimo e máximo.

> Situação 3: a empresa não estava preparada para possíveis situações desastrosas. Independentemente de algo acontecer ou não, a empresa precisa ter conhecimento da quantidade de produtos que são vendidos mensalmente, para que possa se preparar diante de possíveis cenários vulneráveis. Nesse caso, a empresa pode utilizar indicadores de vendas e de faturamento de produtos a fim de realizar esse tipo de controle.

Vamos considerar a situação 1, descrita anteriormente, para exemplificar a aplicação das ferramentas da qualidade.

FIGURA 4.2 – Diagrama de Ishikawa

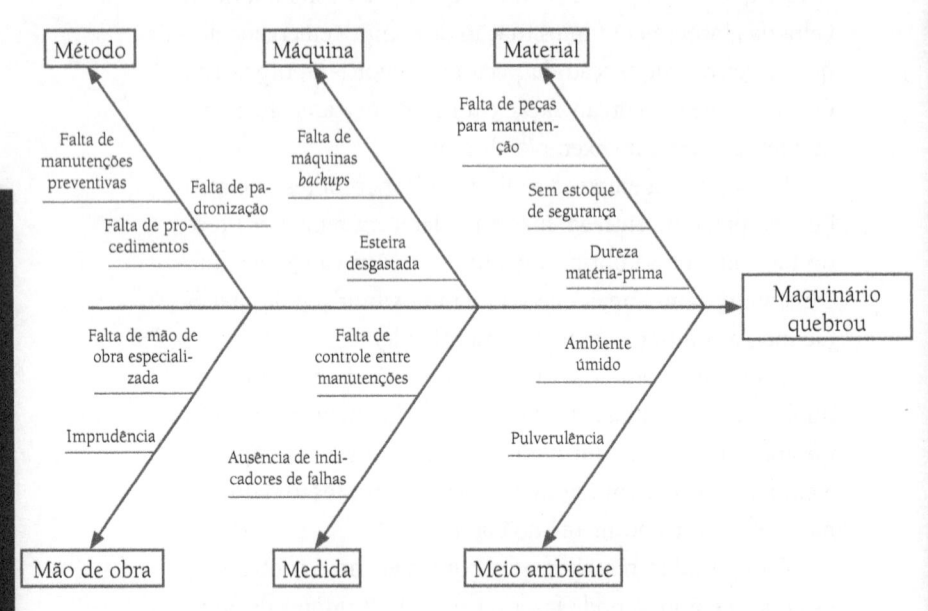

Método
- Falta de manutenções preventivas
- Falta de padronização
- Falta de procedimentos

Máquina
- Falta de máquinas *backups*
- Esteira desgastada

Material
- Falta de peças para manutenção
- Sem estoque de segurança
- Dureza matéria-prima

→ **Maquinário quebrou**

Mão de obra
- Falta de mão de obra especializada
- Imprudência

Medida
- Falta de controle entre manutenções
- Ausência de indicadores de falhas

Meio ambiente
- Ambiente úmido
- Pulverulência

Na Figura 4.2 são evidenciadas as possíveis causas relacionadas ao problema central: quebra de maquinário. Para realizar esse levantamento, é necessário atentar aos seguintes parâmetros:

a. A causa tem alguma frequência? Se sim, deve ser descrita.
b. As causas não podem ser ambíguas, ou seja, devem ser compreendidas da mesma forma por todas as pessoas.
c. Não devem ser utilizadas palavras como *falta* e *ausência*, pois, uma vez identificado que o problema é a falta de determinado item, a ação necessária é partir para a prática, então o indicado é usar termos como *intervalos insuficientes*, *falha na periodicidade* e *frequências inadequadas*.

Ainda que essa análise seja realizada, não é possível desenvolver ações para eliminar o problema sem que antes tenham sido levantadas as causas do problema central, por isso utilizamos uma ferramenta auxiliar, que facilita a obtenção de uma conclusão precisa, ou seja, facilita a obtenção da forma mais adequada de eliminar, com assertividade, os problemas. Nesse sentido, podemos afirmar que o instrumento das ações de gestão tem o potencial de viabilizar a mudança.

Dessa forma, é necessário aplicar a metodologia dos cinco porquês, por meio da qual as causas serão analisadas individualmente, para que sejam tratadas. Por esse método, será possível descobrir as causas e as subcausas (Britto, 2016), o que nos permitirá encontrar mais de uma ação para cada problema, em virtude do desmembramento dos casos.

Quadro 4.1 – Aplicação dos cinco porquês em causas diagnosticadas na Figura 4.2

CAUSA	*Por quê?*	*Por quê?*	*Por quê?*	*Por quê?*	*Solução*
Calendário sem data prevista	Equipe de manutenção não tem conhecimento da periodicidade indicada pelo fabricante.	Equipe com treinamentos atrasados.			Manter cronograma de manutenção.

(continua)

(Quadro 4.1 – conclusão)

CAUSA	Por quê?	Por quê?	Por quê?	Por quê?	Solução
Procedimento operacional inacessível	Documentos ficam centralizados na sala da equipe de gestão.	Equipe de gestão da qualidade não realizou dispersão do material.	Equipe não aplica sistema de gestão integrada.		Aplicar treinamento sobre sistema de gestão integrada a toda a gestão, para a compreensão da forma como as informações devem estar disponibilizadas.
	Documento foi extraviado.	Documento ficava em local inapropriado.	*Layout* da sala não preparado.		Adequar espaço para disponibilizar os documentos de maneira segura, mas com fácil acesso.
Ambiente úmido	Saídas de ar pequenas.	Sala inadequada para o processo.	Mudanças de prédio, sem programação.		Analisar o local de trabalho, de forma que este se adapte às condições de trabalho.
					Realizar as reformas necessárias.

Realizamos a aplicação dos cinco porquês em algumas das causas apenas para demonstrar sua utilização; lembre-se, porém, de que em um estudo de caso real é necessário aplicar o método a todas as causas. Em todo caso, após a análise dos cinco porquês, será possível encontrar as ações que nos permitirão eliminar o problema.

As ações que serão realizadas podem ser aplicadas conforme a urgência da situação, por isso são classificadas como **imediatas**, **corretivas** e **preventivas**.

A análise tem como objetivo unificar os dados levantados por meio de indicadores e relacioná-los às circunstâncias que tangenciam a corporação, tais como *marketing*, vendas, produção e atendimento. Sua importância está em projetar cenários e planejá-los para que os resultados obtidos estejam alinhados com a visão da empresa, no presente e em tempos futuros.

Os dados dos indicadores precisam ser alterados e adaptados de maneira estratégica, permitindo que a empresa obtenha ganhos maiores ou melhores retornos. Essa análise deve ser supervisionada de forma unificada, a fim de que os resultados estejam alinhados entre si; para isso, os dados devem ser reunidos em um painel de controle (também conhecido como *dashboard*) e atualizados periodicamente.

Nesse momento, também é possível recorrer ao Power BI, que veremos com mais detalhes no próximo capítulo. Essa ferramenta utiliza a inteligência corporativa para realizar análises sofisticadas e projetar resultados com mais assertividade.

Os resultados obtidos nessa etapa da análise refletem o posicionamento atual da empresa em relação à perspectiva do mercado; consequentemente, por meio dessas informações, será possível compreender se a instituição está seguindo o trajeto correto ou não, de acordo com sua missão, sua visão e sua previsão de mercado.

Cabe observar que, geralmente, os resultados são estudados por analistas e apresentados para a direção da empresa. Aqui, é necessário utilizar estratégias para garantir que todas as informações sejam transmitidas de forma clara e objetiva.

É essencial, ainda, refletir a respeito dos dados que estão isolados, pois é pouco provável que eles revelem informações interpretativas capazes de proporcionar ao analisador a possibilidade de obter conclusões concisas. Por isso é indicado que os representantes busquem apresentar as amostras de forma visual, por meio de gráficos conectados aos demais indicadores.

Por exemplo, vamos supor que você apresente o indicador de vendas, o qual informa que, no mês de novembro, as vendas de picolé da empresa foram maiores. Nesse caso, o ideal seria apontar os motivos que poderiam ter provocado essa situação.

Nessa situação, pode-se apresentar um indicador do clima (conforme aumenta a temperatura, maior é a busca por produtos gelados) e, ainda, um indicador dos investimentos com propaganda relativos ao semestre, relacionando-se a alta de vendas com a quantidade de propagandas veiculadas. Sempre que apresentados em conjunto, tais apontadores facilitam a tomada de decisão para os próximos meses, já que são capazes de promover a adaptação da meta e aumentar os lucros possíveis.

Com relação aos gráficos, estes podem ser configurados de várias maneiras, pois o objetivo é facilitar a interpretação do público ao qual se destinam. Vejamos a seguir quais são as possibilidades de apresentação desses recursos.

O **gráfico de coluna** ou **de barra** representa dados quantitativos. Nele, aplicam-se os valores em um eixo (x ou y) e os dados quantitativos em outro eixo (x ou y), como ilustram os Gráficos 4.1 e 4.2.

Gráfico 4.1 – Exemplo de gráfico de coluna vertical

Vendas do mercado São João

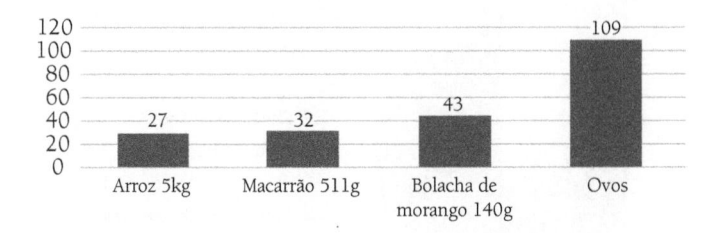

	Arroz 5kg	Macarrão 511g	Bolacha de morango 140g	Ovos
	27	32	43	109

Gráfico 4.2 – Exemplo de gráfico de coluna horizontal

Vendas do mercado São João

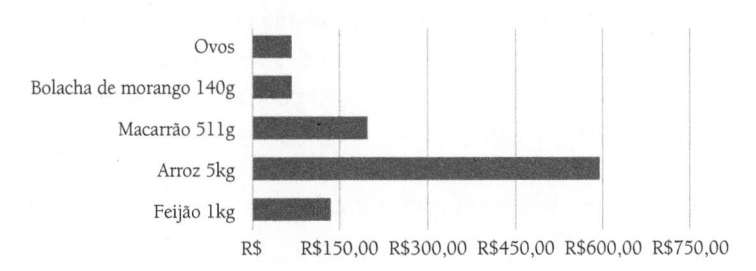

Já o **gráfico de *pizza*** evidencia a ideia de proporção entre os dados, que, se somados, compõem o total do resultado, como indica o Gráfico 4.3.

GRÁFICO 4.3 – Exemplo de gráfico de *pizza*

Tipos de dívidas do brasileiro

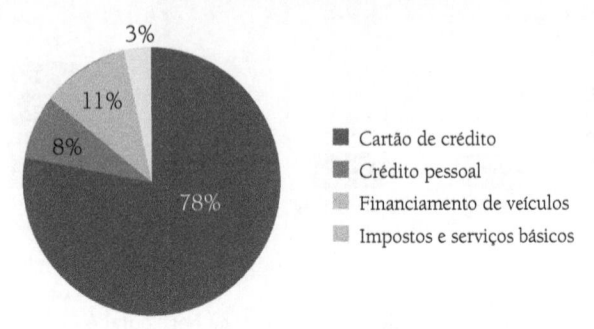

- Cartão de crédito
- Crédito pessoal
- Financiamento de veículos
- Impostos e serviços básicos

(3%, 11%, 8%, 78%)

O **gráfico de linhas**, por sua vez, demonstra uma sequência numérica e retrata a progressão ou a regressão ocorrida, conforme o comportamento dos fenômenos relativos aos dados observados. É isso o que pode ser visualizado no Gráfico 4.4, a seguir.

GRÁFICO 4.4 – Exemplo de gráfico de linhas

Vendas - Março

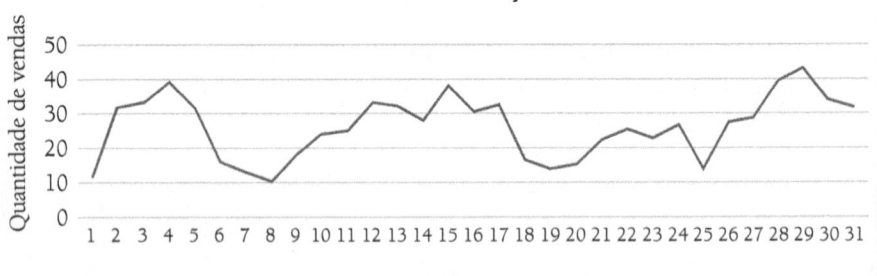

Eixo Y: Quantidade de vendas (0 a 50)
Eixo X: Dia do mês (1 a 31)

—— Vendas

Também existe o gráfico de áreas, que é semelhante ao gráfico de linhas, mas denota a noção de proporção do todo, como ilustra o Gráfico 4.5.

GRÁFICO 4.5 – Exemplo de gráfico de áreas

Vendas - Março

Por fim, o **gráfico em redes** compara valores distintos de uma mesma variável, como evidencia o Gráfico 4.6.

GRÁFICO 4.6 – Exemplo de gráfico de redes

Teste de personalidade

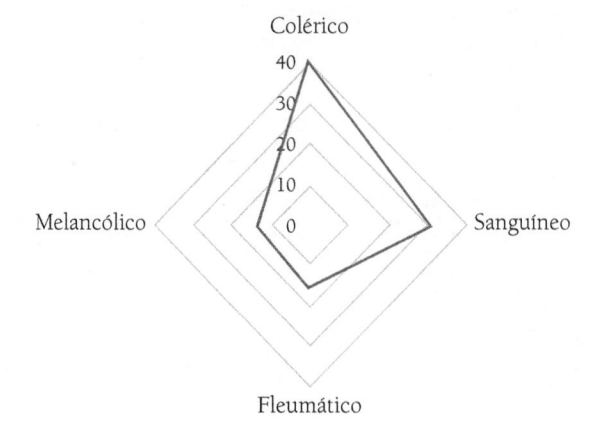

MEDIANTE a utilização de gráficos, é possível transmitir as informações referentes aos dados coletados de maneira mais precisa, pois informações visuais são mais simples de interpretar e proporcionam apontamentos mais claros.

Com relação ao *Key Performance Indicator* (KPI), que veremos no próximo capítulo, sua apresentação também deve ser em forma de gráficos, como indicado na Figura 4.3.

Figura 4.3 – Exemplo de KPI

INDICADOR DE PRODUTIVIDADE			
Item analisado: Tempo de análise de casos	Meta: 48 horas	Cálculo: Soma de horas de análise de casos do dia / nº total de casos	Mês: Julho

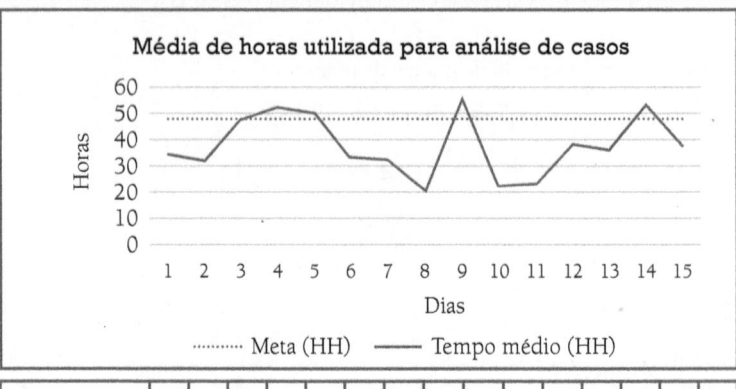

Média de horas utilizada para análise de casos

.... Meta (HH) ——— Tempo médio (HH)

DIAS	1	2	3	4	5	6	7	8	9	10	11	12	13	14	15
Meta (HH)	48	48	48	48	48	48	48	48	48	48	48	48	48	48	48
Tempo médio (HH)	34,5	32,2	48,1	52,7	50,2	33,6	32,6	20,5	55,9	22,2	23	39,4	36,5	54,3	37,5

É importante observar que o gráfico deve ser lido de forma autônoma, para que possa, assim, ser interpretado corretamente. Sua composição, portanto, precisa apresentar algumas informações imprescindíveis, que auxiliam a realização dessa leitura. São elas:

a. **Título**: é o elemento responsável por apresentar o tema que o gráfico vai abordar por meio de seus dados.

b. **Título dos eixos**: é o elemento responsável por apresentar o parâmetro utilizado e a unidade de medida.
c. **Área de plotagem**: é o espaço no qual o gráfico será incluído. Deve-se avaliar a escala a ser utilizada para que o gráfico não fique confuso e poluído.
d. **Rótulo de eixos**: são as informações quantitativas presentes, as quais, em geral, são apresentadas por números, de maneira que o analista tenha mais facilidade de compreender a informação, não somente pela interpretação dos desenhos, mas também pelo que efetivamente essa informação representa.
e. **Legenda**: é um recurso importantíssimo para separar, de forma clara, as informações.

Como já mencionado, os gráficos são ótimos instrumentos informativos para apresentar resultados e informações comparativas que requeiram fácil análise dos integrantes que avaliarão o modelo em questão.

Contudo, quando são realizadas reuniões com os clientes, cujo objetivo seja o de apresentar o modo como a empresa tem cooperado para o crescimento da organização, é importante utilizar modelos de apresentação de resultados como o KPI, visto que, dessa forma, garante-se a compreensão equivalente entre ambas as partes.

Portanto, nesses casos, levam-se, então, em consideração nas descrições do processo decisório os elementos reais ou as partes componentes dessa decisão, o que resulta em uma descrição incontestável das fases do processo.

4.2.1 Ciclo PDCA

As organizações precisam atingir objetivos e metas para alinhar suas melhorias ao seu desempenho, pois o mundo globalizado está cada vez mais rápido e competitivo.

Dessa forma, as adaptações às mudanças do mercado exigem determinados tipos de abordagens, como a do ciclo PDCA[1] – acrônimo de *Plan* (Planejar), *Do* (Fazer), *Check* (Checar) e *Act* (Agir) –, que envolve as etapas de *planejamento, execução, verificação* e, principalmente, *atuação/operação* para aprimorar os sistemas de produção, administração, logística, armazenamento ou gestão.

Trata-se, assim, de uma ferramenta utilizada para conquistar a melhoria contínua em produtos e processos, por meio da aplicação de etapas precisas, em forma de roteiro. Há, em sua aplicação, a "lógica" de um ciclo infinito, que visa ao desenvolvimento da empresa, com foco no oferecimento de produtos e serviços com mais qualidade.

O PDCA compreende quatro etapas de aplicação, que envolvem um roteiro lógico e preciso:

1. **Planejamento** *(Plan)*: essa etapa se refere ao planejamento detalhado da ação que se pretende implantar. Nessa fase, são estipulados prazos, com informações quantitativas e atividades bem definidas e estruturadas, a fim de garantir o alcance do objetivo em avaliações posteriores. O planejamento é a etapa em que se deve investir mais tempo, pois, se analisado e elaborado corretamente, é capaz de poupar tempo futuramente e evitar retrabalho.
2. **Executar** *(Do)*: depois de traçar as metas, é realizada a execução efetiva do planejamento. Se houver dificuldades

---

1 O PDCA é também conhecido como *ciclo de Shewhart* ou *ciclo de Deming*. Walter Andrew Shewhart (1891-1967) foi o desenvolvedor primário da ideia, enquanto William Edwards Deming (1900-1993) foi o responsável pela adaptação e aplicação da ferramenta no Japão, na década de 1950.

na aplicação, deve-se voltar à fase inicial (*Plan*). Para essa etapa, é necessário alinhar a proposta com a equipe (*staff*), que colocará em prática a teoria após receber treinamento.

3. **Checar *(Check)***: a checagem ocorre conforme a finalização das atividades executadas. Essa fase tem grande importância para se averiguar se a execução foi efetiva, conforme o planejamento, por meio da comparação entre o previsto e o realizado e pelo levantamento das possibilidades de melhorias a serem aplicadas no próximo passo. Para tanto, é de suma importância que essa etapa seja amparada por metodologias estatísticas, como indicadores, a fim de evitar erros, poupar tempo e reduzir o uso de recursos.
4. **Avaliar *(Act)***: após a checagem de metas, é necessário analisá-las singularmente, avaliando se todas foram finalizadas conforme o desejado em relação à eficiência e ao prazo. Depois desse levantamento, é o momento de aplicar melhorias imediatas e de revisar processos, a fim de aprimorar o resultado por meio da correção de falhas. O principal intuito dessa etapa é fazer o processo ou o produto retornar ao início do fluxo, de forma a manter ativas as ações de melhorias sobre ele.

Evidentemente, a finalização do ciclo PDCA ocorre quando a atividade é incluída pelo planejamento da empresa, pois essa lógica se reflete na melhoria contínua, podendo ser aperfeiçoada com o passar do tempo.

Com o aprimoramento da área da qualidade, o PDCA tem recebido variadas contribuições. Muitos autores defendem sua utilização como ferramenta desmembrada, em que cada etapa passa a ser um ciclo; outros, por sua vez, afirmam que a ferramenta deve ser analisada de forma global e unificada.

O modelo de apresentação da ferramenta pode facilitar o entendimento de sua sistemática, que objetiva a melhoria contínua.

Figura 4.4 – Representação do ciclo PDCA

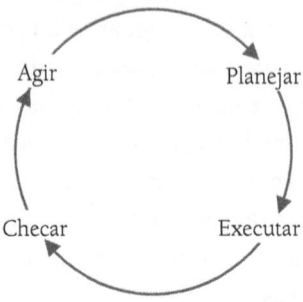

```
         Agir          Planejar

        Checar         Executar
```

Fonte: Elaborado com base em Carvalho; Paladini, 2012.

Além do ciclo PDCA, existem várias ferramentas e estudos utilizados para a melhoria de processos e que também preveem etapas sequenciais, como o Método de Análise e Solução de Problemas (Masp) e o modelo DMAIC (*Define* – Definir; *Measure* – Medir; *Analyze* – Analisar; *Improve* – Aperfeiçoar; *Control* – Controlar). Assim como o PDCA, essas ferramentas incorporam o conceito de organização cíclica, embora possibilitem que se investiguem os problemas de maneiras diferentes.

Segundo Carvalho e Paladini (2012), o DMAIC tem como objetivo principal o aperfeiçoamento do processo; seu foco concentra-se na fase de planejamento, buscando fornecer o treinamento adequado para que as pessoas exerçam o melhor de si. Trata-se de um método sistemático e disciplinado, baseado em dados estatísticos, cujo objetivo é alcançar os resultados almejados pela organização. O ciclo DMAIC é representado tal como consta na Figura 4.5.

Figura 4.5 – Representação do ciclo DMAIC

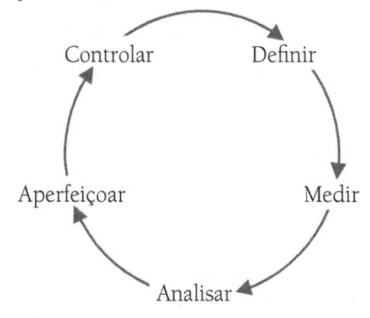

```
        Controlar      Definir

     Aperfeiçoar          Medir

              Analisar
```

Fonte: Elaborado com base em Carvalho; Paladini, 2012.

1. **Definir**: primeiramente, o problema precisa ser definido e enquadrado em prioridades para que as tratativas sejam organizadas. Além disso, nesse momento, deve-se selecionar o time que vai aplicar a ferramenta.
2. **Medir**: deve-se realizar a medição do problema em seu estado atual. Ademais, os dados e as informações desse processo têm de ser apresentados nessa etapa para que a equipe consiga compreender os passos seguintes.
3. **Analisar**: aqui são levantadas as possíveis causas do problema; com essa informação, a equipe precisa aplicar formas de eliminar o problema, por meio de ações de melhoria, ao que chamamos de *contra-ataque do problema inicial*.
4. **Aperfeiçoar**: na etapa de aperfeiçoamento, iniciam-se os testes com as ações que foram estipuladas durante as etapas anteriores; é então executado o plano de ação conforme as necessidades de cada processo estudado. Nesse momento, também é necessário que se iniciem as mudanças do problema.
5. **Controlar**: como o problema não será eliminado apenas com a aplicação da melhoria, essa etapa de controle se

torna fundamental para que se possa fazer o acompanhamento dos resultados. Para tanto, é necessária a realização de análises críticas dos processos, com vistas à melhoria contínua.

Caso as melhorias aplicadas não sejam adequadas à resolução, será preciso reiniciar o ciclo, com novas ações, até que o processo se estabeleça de forma apropriada. A título de comparação, é possível perceber como o DMAIC e o PDCA se aproximam, pois seus fluxos são muito semelhantes.

Mas qual seria a conexão entre o fluxo PDCA e o Masp? É isso o que podemos ver no Quadro 4.2, a seguir.

Quadro 4.2 – Comparativo entre as metodologias PDCA e Masp

PDCA	Masp	FERRAMENTAS
P	Identificar o problema	Diagrama de Pareto
	Observação	Diagrama de Ishikawa
	Análise	
	Plano de ação	5W2H
D	Execução	
C	Verificação	
	Bloqueio efetivo?	
A	Padronização	
	Conclusão	

Assim como o PDCA e o DMAIC, o Masp é uma ferramenta completa para promover mudanças de cenários e projetos em uma empresa. Normalmente, é aplicado por consultores, pois a tratativa de casos é mais densa quando realizada por alguém que ocupa uma posição externa – o campo de visualização aumenta e as ações são mais plausíveis.

4.2.2 Metodologias ágeis

Para compreender melhor o tema deste tópico, é importante saber como surgiram as metodologias ágeis.

O desenvolvimento de *softwares* foi inspirado no método da construção civil, facilitando o trabalho dos engenheiros na hora de projetar as etapas para a realização da construção.

Em um primeiro momento, o profissional de engenharia estuda o terreno, faz o levantamento dos recursos necessários e registra as ideias no papel por meio de desenhos e cálculos, ao que se seguem as fases de construção. Logo após o planejamento, inicia-se a construção até a esperada entrega. Dessa forma, podemos concluir que a continuidade do projeto só vai acontecer se o passo anterior estiver totalmente completo. Esse modelo é conhecido como *modelo cascata*. Trata-se de um modelo tradicional, que utiliza a estrutura *Project Management Body of Knowledge* (PMBOK), um guia de boas práticas para projetos.

Em um planejamento ou projeto, as metodologias consideradas ágeis e com alto potencial de eficácia sempre apresentam adaptabilidade e dinamismo; além disso, aceitam abrir a gama de questões como parte do desenvolvimento.

FIGURA 4.6 – Modelo cascata para aplicação em projetos

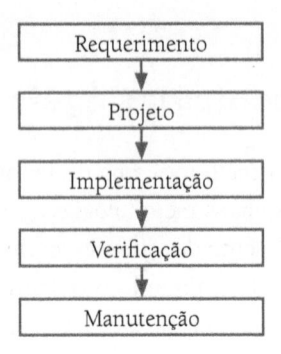

```
┌─────────────────┐
│   Requerimento  │
└────────┬────────┘
         ▼
┌─────────────────┐
│     Projeto     │
└────────┬────────┘
         ▼
┌─────────────────┐
│  Implementação  │
└────────┬────────┘
         ▼
┌─────────────────┐
│   Verificação   │
└────────┬────────┘
         ▼
┌─────────────────┐
│   Manutenção    │
└─────────────────┘
```

Assim como em todos os processos existentes, há pontos positivos e negativos nessa metodologia. Percebeu-se, assim, a necessidade de atualizá-la em relação a cada uma de suas especificidades.

Entre seus pontos positivos, destacamos:

- divisão em compartimentos isolados;
- redução da dependência de indivíduos;
- documentação robusta;
- estimativa de tempo e de custos;
- realização de previsão (o previsível).

Quanto aos pontos negativos, podemos citar:

- pouca flexibilidade;
- exclusão do usuário, que não participa da construção do projeto;
- demora no prazo de entrega;
- ausência de sincronia entre as áreas.

É possível observar, por um lado, que essa é uma metodologia previsível, já que não requer muitas habilidades para a execução das ações fora da rotina, uma vez que estas são quase inexistentes; por outro, trata-se também de um modelo engessado, que não proporciona oportunidades de melhorias ou de mudanças do processo ou do resultado final.

A elaboração do *software* seguia a mesma lógica, mas o intervalo entre a estruturação do projeto e a entrega era sempre muito longo, o que acabava tornando obsoletas algumas das funções desenvolvidas; além disso, o preço era bastante elevado para todos os envolvidos.

Foi então que um grupo de 17 pessoas se uniu para compartilhar as metodologias utilizadas, a fim de solucionar esses problemas. Criou-se, assim, o *Manifesto Ágil*. De uma forma devastadora, o *Manifesto* surgiu para revolucionar os métodos empregados até então. O parâmetro, que antes era árduo e custoso, passou a ser um caminho mais leve e assertivo. Nesse documento, os participantes fixaram quatro valores norteadores dos *frameworks* ágeis, a saber:

1. **Indivíduos e interações mais do que processos e ferramentas**: o ágil valoriza muito a interação entre as pessoas, seja entre a equipe, seja com o cliente. Diferentemente do modelo cascata (apresentado anteriormente), a conexão entre as partes permite que a entrega seja assertiva, garantindo a satisfação do cliente.
2. **Software em funcionamento mais do que documentação abrangente**: a diferença em relação ao modelo anterior é a dinâmica de produção, visto que aqui se preza o *software* em funcionamento. Ademais, a documentação é menor: os detalhes minuciosos, presentes no modelo cascata, são descartados e resumidos, e o documento se torna compacto e mais claro. O cliente tem acesso ao produto, mesmo que em desenvolvimento, e não somente ao projeto.
3. **Colaboração com o cliente mais do que negociação em contrato**: anteriormente, o escopo do projeto era denso e inflexível; assim, qualquer solicitação de alteração

deveria ser seguida de recursos financeiros. No ágil, o contrato é mais flexível e preparado para enfrentar possíveis mudanças.

4. **Responder às mudanças mais do que seguir o plano**: a metodologia traz esse conforto para a implantação de mudanças, isto é, os colaboradores estão preparados, e o cliente se sente confortável para solicitá-las. O plano não deixa de ser importante, mas, se a mudança de roteiro indicar resultados mais positivos, o time trabalhará em cima disso.

Quanto à metodologia ágil, trata-se de uma maneira abrangente de enxergar o projeto. É necessário considerar, porém, que abaixo dele ainda há ferramentas que utilizam os mesmos princípios para nortear as entregas e que cada um desses princípios tem suas particularidades. *Grosso modo*, é como se fosse uma espécie de guarda-chuva, conforme ilustrado na Figura 4.7.

FIGURA 4.7 – Metodologias contidas no *Manifesto Ágil*

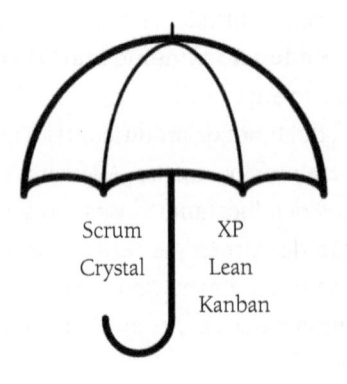

```
        Scrum      XP
        Crystal    Lean
                   Kanban
```

São inúmeras as ferramentas que contemplam a metodologia ágil. Aqui, vamos abordar apenas algumas delas.

Para além dos valores, a metodologia conta com 12 princípios, que ajudam a compreendê-la melhor. De acordo com Sbrocco e Macedo (2012), os princípios são os seguintes:

i. Satisfaça o consumidor.
ii. Aceite bem as mudanças.
iii. Realize entregas frequentes.
iv. Trabalhe em conjunto.
v. Confie e apoie.
vi. Promova conversas face a face.
vii. Monitore o funcionamento dos *softwares*.
viii. Promova o desenvolvimento sustentável.
ix. Mantenha a atenção contínua.
x. Mantenha a simplicidade.
xi. Mantenha os times auto-organizados
xii. Esteja disposto a refletir e a ajustar.

Depois compreender como funciona a metodologia ágil, você pode questionar: Como, então, utilizá-la em outra área?

Conforme mencionado anteriormente, é possível aplicar essa metodologia em diversos setores. É isso o que veremos na sequência.

Exemplificando

Vamos imaginar que uma empresa tem constatado grandes falhas nos processos produtivos em virtude de problemas com os colaboradores. Não há gestão de tempo e muito menos comunicação entre as linhas produtivas, o que prejudica a produtividade e a entrega do produto.

Como a premissa dessa metodologia é a priorização de tarefas, sempre pensando no cliente final, é necessário que o gestor da equipe determine, com os colaboradores, qual seria a melhor forma de realizar as atividades, por meio de sua priorização, desenvolvendo em cada membro a responsabilidade com o cliente, no quesito de entrega do serviço, de forma que todos executem suas funções de acordo com o esperado.

A seguir, vejamos em que consistem e como são aplicados os dois *frameworks* mais utilizados nas empresas de desenvolvimento: o Scrum e o Kanban.

4.2.2.1 Scrum

O Scrum norteia, de maneira acessível e dinâmica, a forma de desenvolvimento de projetos. Mesmo que tenha sido desenvolvido para a área de tecnologia da informação, ele pode ser facilmente aplicado em qualquer âmbito de trabalho, constituindo-se em um *framework* que pode ser utilizado para gerenciar projetos complexos.

Seus fundadores, Jeff Sutherland e Ken Schwaber (2013), descrevem o Scrum como um *framework* utilizado para resolver problemas complexos e adaptativos, enquanto se desenvolve o produto com o maior valor possível. Além disso, a facilidade do Scrum se encontra na aplicação de outros processos ou técnicas, aprimorando ainda mais os resultados.

Uma de suas características é unir a equipe de forma que todos acompanhem o resultado do projeto que está sendo desenvolvido. Para isso, o Scrum requer uma equipe engajada e comprometida.

Seu funcionamento demanda um conjunto de práticas, papéis e documentos a serem adotados. Enfatizam-se a realização de *feedbacks* constantes, a autoadministração das equipes e um produto confiável e testado em pequenos ciclos.

O Scrum tem três pilares fundamentais:

1. **Transparência**: aplica-se tanto a processos quanto a requisitos de entrega e *status*.
2. **Inspeção**: refere-se à inspeção de tudo o que está sendo feito e é realizada de maneira constante.
3. **Adaptação**: diz respeito tanto ao projeto quanto às mudanças processuais. Vale ressaltar que as adaptações precisam estar de acordo com os valores e com as práticas da metodologia.

Para a execução do Scrum, é necessária a atribuição de três papéis:

1. *Scrum Master*: é o responsável por alimentar o time com informações sobre a metodologia Scrum, de forma que todos estejam cientes de seu funcionamento e aptos a aplicá-la; por essa razão, a equipe deve ter grande conhecimento sobre o *framework*. O *Scrum Master* age para remover todo o impedimento que o time possa encontrar, mas não é considerado um chefe, e sim um facilitador. O resultado de seu trabalho é a busca por inovações para o Time Scrum.
2. *Product Owner*: é o responsável tanto pelos papéis de liderança no projeto quanto pelas decisões relacionadas a recursos, funcionalidades e respectivas ordens de execução, pelo fato de representar o cliente. O *Product Owner* realiza a comunicação entre as partes do time, com o objetivo de mantê-las informadas sobre as atividades e alinhadas com os objetivos da equipe. O resultado de seu trabalho é o aumento do valor do produto.
3. *Dev Team*: é a equipe que "coloca a mão na massa", capaz de reproduzir as solicitações dos clientes por meio de códigos. Tem autonomia para se planejar da melhor forma, a fim de entregar o projeto na data estipulada. É também multifuncional e precisa utilizar a criatividade

para executar suas tarefas. Para que seu trabalho possa gerar bons resultados, deve haver transparência, inspeção e adaptação.

Veja, a seguir, o quadro de *stakeholders*, estabelecido em busca dos melhores resultados para o cliente.

Figura 4.8 – Estrutura de autoridade do time

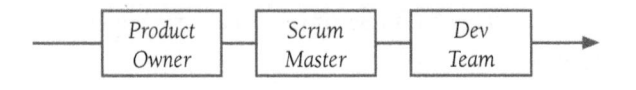

```
── [ Product Owner ] ── [ Scrum Master ] ── [ Dev Team ] ──▶
```

Para que os papéis sejam executados de forma organizada, o Scrum conta com eventos, também conhecidos como *ritos*: *Sprint Planning*, Execução *Sprint*, *Daily Scrum*, Revisão *Sprint* e Retrospectiva *Sprint*. Dessa forma, são gerados alguns artefatos: *Product Backlog*, *Sprint Backlog* e Entrega.

Toda essa metodologia precisa estar consolidada e deve ser aplicada para que o projeto seja realizado de acordo com a estrutura prevista, sendo necessária a cooperação de todo o time.

A dinâmica do Scrum se inicia com a visão do produto, etapa em que é descrita a visão macro do projeto. Logo após essa explanação, é preciso desmembrá-lo em funcionalidades, etapa chamada de *Product Backlog*. O responsável por essa tarefa é o *Product Owner*, embora o *Scrum Master* também auxilie nessa atividade, pois as funcionalidades são ordenadas por prioridades (tudo o que agrega mais valor ao negócio).

O projeto é planejado em *Sprints*, que nada mais são do que o tempo destinado para entregar cada tarefa. Para determinar os tempos, deve-se respeitar a regra básica do Scrum, que são os períodos de duração fixa, também denominados *time boxing*; isso significa que as *Sprints* precisam ter duração igual, em torno de duas a quatro semanas.

Desse modo, o projeto é desenvolvido em partes, e para cada parte deve-se entregar o projeto funcional, de forma visual, a fim de que tanto a equipe quanto o cliente possam visualizar as atividades realizadas. Dentro desse período, ainda podem ocorrer mudanças, as quais devem ser comunicadas e inseridas no *Backlog*, para conhecimento e acompanhamento de todos.

Diariamente, deve-se realizar uma reunião com duração de 15 minutos, cujo objetivo é verificar o andamento das atividades (*Daily Scrum*). Nela, devem ser respondidas três perguntas:

1. **O que eu fiz ontem?** A resposta deve incluir todas as tarefas que cooperaram com o time.
2. **O que eu vou fazer hoje?** Diz respeito àquilo que será feito para auxiliar o time no cumprimento da meta da *Sprint*.
3. **Há algum impedimento?** Refere-se a tudo o que impede a realização de alguma atividade que possa impactar a entrega das tarefas.

Todas essas perguntas colaboram não só para o alinhamento do time como para a fixação da noção de entrega; assim, a equipe será capaz de refletir se está sendo produtiva ou não. Para otimizar a visualização, as empresas podem utilizar ferramentas que proporcionem a visibilidade das etapas de cada atividade, de maneira que nenhuma delas seja esquecida. No caso das empresas que utilizam a modalidade presencial, um quadro com *post-it* ou divisórias é o suficiente, mas, para modalidades a distância, é necessário fazer uso de ferramentas *on-line*.

Outra atividade que tem ajudado muitas empresas é o *Sprint Review*, que permite discutir se o material produzido está de acordo com o que foi planejado.

É nesse momento, então, que surgem as mudanças, e o *Backlog* é atualizado. Já a Retrospectiva *Sprint* vai avaliar a necessidade de adaptação do processo. Avalia-se tudo o que foi produzido e gera-se a escala em pontos positivos e negativos.

Como é possível perceber, trata-se de uma metodologia que pode ser aplicada em qualquer setor empresarial.

A seguir, veremos em que consiste o Kanban.

4.2.2.2 Kanban

Kanban é uma palavra japonesa que tem o significado de "cartões visuais", em que *kan* significa "visual" e *ban* "cartão". O termo, portanto, faz referência a cartões visuais, normalmente coloridos, utilizados para indicar a necessidade de iniciar determinada atividade, como o lote de um produto.

Essa ferramenta é um subconjunto do *Just in Time*, sistema de administração que preza o necessário (quantidades exatas, sem excessos), objetivando reduzir os custos de estoque gerados pela falta de rotatividade dos produtos. O Kanban também tem como principal função ordenar trabalhos de maneira organizada, indicando as quantidades solicitadas, de forma que seja sempre produzido somente o necessário.

Além disso, o Kanban tem a premissa de limitar as atividades em progresso (também conhecidas como *Work in Progress* – WIP), o que facilita a identificação de uma equipe com ineficiência no fluxo de trabalho.

Vejamos como funcionaria o Kanban em uma empresa que produz carros de luxo. Nesse caso, deve ser considerada a seguinte premissa: por se tratar da produção de bens luxuosos, a empresa não preza a produtividade em suas atividades, e sim a qualidade, já que esse produto não é vendido em larga escala.

Seguindo adiante, vamos imaginar que essa empresa realiza um controle das peças que são utilizadas na linha produtiva por meio de um quadro Kanban.

A Figura 4.9 apresenta o quadro completo, com o estoque máximo de volantes.

Figura 4.9 – Exemplo de quadro Kanban para controle de estoque de volantes

Quadro Kanban

☐ ☐ ☐ ☐ ☐ ☐ ☐ ☐ ☐

Produto: Volante

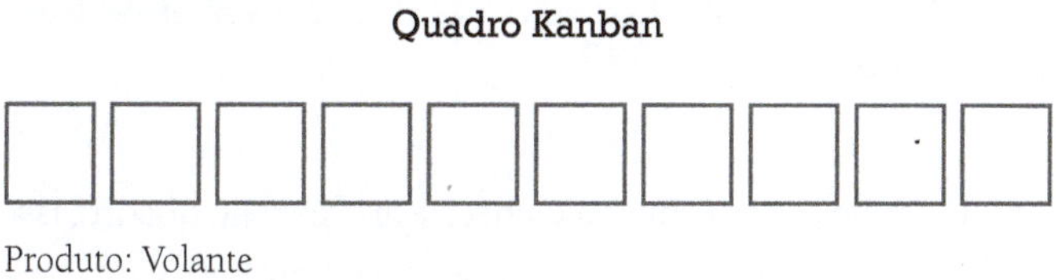

Conforme a produção solicita os volantes, o quadro vai sendo atualizado. Para cada volante retirado, um cartão é removido.

Figura 4.10 – Exemplo de utilização do quadro Kanban para controle de estoque de volantes

Quadro Kanban

☐ ☐ ☐ ☐ ☐ 🟨 🟩 🟩 🟩

Produto: Volante

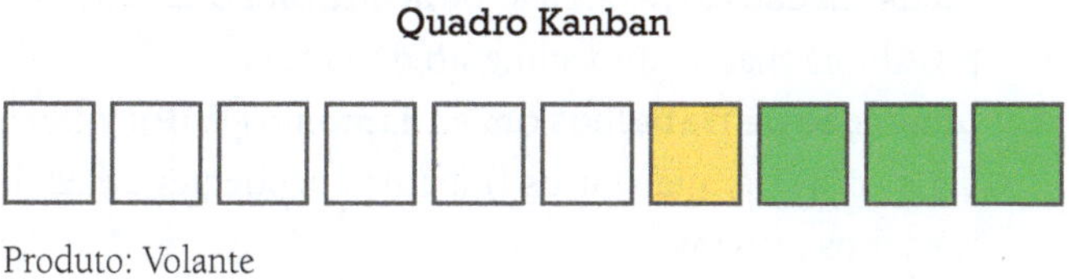

O quadro sinaliza, por meio de cores – as quais já podem ter sido predefinidas pela empresa –, a situação atual do estoque.

No caso da situação mostrada no exemplo, o estoque tem seis volantes disponíveis. A intenção é que o quadro seja um alarme para todos os envolvidos, de maneira que sejam tomadas ações imediatas quando for necessário produzir mais.

Figura 4.11 – Exemplo de utilização do quadro Kanban para controle de estoque de volantes

Quadro Kanban

Produto: Volante

Quando a cor vermelha começa a aparecer no quadro, isso significa que o estoque está em seu nível mínimo. Com base nessa informação, a produção deve ser iniciada, para que o estoque retorne ao seu nível máximo.

Cabe ressaltar que tanto o modelo do quadro quanto as cores e os níveis mínimo e máximo deverão ser estipulados pela própria empresa, de acordo com seu método de articulação.

Entre os benefícios que a metodologia acarreta para a entidade, destacamos:

- **Visualização do processo pela utilização do quadro:** possibilita maior conhecimento do processo.
- **Limitação de trabalhos em andamento (WIP):** influencia a equipe a finalizar os trabalhos pendentes antes de iniciar os próximos.
- **Auto-organização das equipes:** uma equipe alinhada, engajada, confiante e que, além disso, esteja compromissada com a colaboração mútua projeta resultados ainda maiores que os esperados.
- **Adaptação constante do processo:** visa-se sempre ao aprimoramento contínuo da empresa.

Assim, podemos perceber que, enquanto a metodologia Scrum é voltada para o desenvolvimento de *software*, o Kanban é direcionado à sustentação do projeto, como lista o Quadro 4.3, a seguir.

Quadro 4.3 – Correlação entre Scrum e Kanban

	Novo *software*	Produção	Sustentação
Scrum	↑	↑	↓
Kanban	↓		↑

Em outras palavras, o Scrum está totalmente voltado às entregas, enquanto o Kanban está voltado à melhoria. Para a aplicação dessas metodologias, basta analisar em qual etapa se encontra a empresa em questão.

4.3 Métodos e controles da gestão de riscos: FMEA e FMECA

Os dois métodos de que trataremos nesta seção são extremamente eficientes para compreender os fatores que originam as falhas. Além dos benefícios para o processo, tais métodos também apresentam melhorias em relação aos custos. Vejamos, com mais detalhes, cada um deles.

O método *Failure Mode and Effect Analysis* (FMEA) é utilizado para analisar as falhas de forma qualitativa. Além possibilitar a análise das possíveis falhas, o FMEA permite listar os efeitos gerados por falhas mais críticas e propor ações de melhoria que aumentem a confiabilidade do produto. Há também o *Failure Mode and Critical Analysis* (FMECA), que envolve a criação de uma série de ligações entre as possíveis falhas, o impacto no produto (efeitos) e suas causas, buscando-se definir a probabilidade de a falha vir a acontecer.

O FMEA pode ser classificado em quatro tipos:

1. FMEA de Sistema (*System* FMEA): analisa as possíveis falhas nos sistemas e nos subsistemas no início do desenvolvimento do conceito e do projeto.
2. FMEA de Produto (DFMEA): analisa as falhas de um produto antes de sua liberação para a fabricação.
3. FMEA de Processo (PFMEA): analisa as falhas relacionadas aos processos de fabricação e montagem.
4. FMEA de Serviço (*Service* FMEA): analisa as falhas relacionadas a um serviço antes de sua chegada ao consumidor.

Utilizar essa metodologia traz os seguintes benefícios para a empresa:

- planos de controle mais eficazes;
- requisitos de teste de verificação e de validação aprimorados;
- manutenção preventiva e preditiva otimizada;
- análise de crescimento da confiabilidade durante o desenvolvimento do produto;
- diminuição de desperdícios e operações sem valor agregado (*Lean Manufacturing*).

Com relação aos custos, podemos apontar os seguintes benefícios:

- reconhecimento antecipado dos modos de falha (quando são menos onerosos para resolver);
- minimização dos custos de garantia;
- aumento das vendas e da satisfação do cliente.

4.4 Métodos e controles da gestão de riscos: AAA, APR e APPCC

A Análise da Árvore de Falhas (AAA), ou *Fault Tree Analysis* (FTA), é um método de análise de falhas do topo para baixo; aqui, a falha, ou o estado indesejado, é o evento que fica no topo e relaciona-se com outros eventos – no caso, as falhas menores, por baixo. A AAA é utilizada para compreender como os sistemas podem falhar, possibilitando, assim, a identificação das melhores maneiras de reduzir riscos.

Sua metodologia de aplicação consiste em definir o tema de interesse e construir a árvore de falhas; em seguida, é realizada a avaliação quantitativa e, depois, a avaliação qualitativa.

Figura 4.12 – Métodos e controles da gestão de riscos: Análise Preliminar de Riscos (APR) e Análise de Perigos e Pontos Críticos de Controle (APPCC)

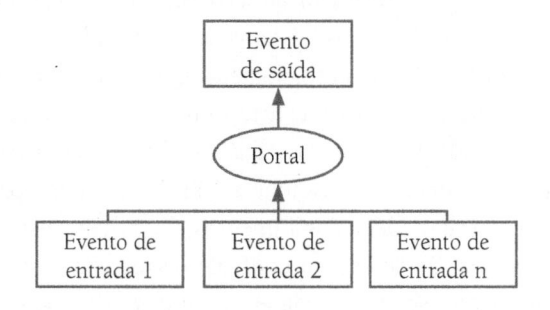

```
        Evento
        de saída
           ↑
        Portal
           ↑
   ┌───────┼───────┐
Evento de  Evento de  Evento de
entrada 1  entrada 2  entrada n
```

Fonte: Elaborado com base em Sakurada, 2001

De acordo com De Cicco e Fantazzini (2003), a Análise Preliminar de Riscos (APR), ou Análise Preliminar de Perigos (APP), surgiu na área militar, em que esse tipo de verificação era necessária como uma revisão a ser feita nos novos sistemas de mísseis projetados para uso de combustível líquido. A APR é um método de análise simples e intuitivo, cujo objetivo é identificar as situações e eventos perigosos que podem causar danos em determinada atividade, instalação ou sistema; além disso, o método é capaz de evitar o uso desnecessário de materiais. Por essa análise, identificam-se as possibilidades de acontecimentos indesejáveis, causas, consequências, forma de detecção e salvaguardas.

Em geral, essa ferramenta é utilizada em empresas para atividades específicas, que requerem análise antecedente. Quando bem aplicada, é capaz de prevenir riscos e ações que podem ocorrer no local analisado e afetar a saúde das pessoas presentes ou mesmo causar danos materiais.

Por seu turno, a Análise de Perigos e Pontos Críticos de Controle (APPCC), ou *Hazard Analysis and Critical Control Point* (HACCP), é um sistema de gestão de segurança alimentar que analisa as diversas etapas da produção de alimentos, desde a produção de matéria-prima, passando pela indústria e pelos pontos de distribuição (atacado), até chegar à etapa de venda (varejo). Por esse sistema, são analisados os perigos (físicos, químicos e microbiológicos) potenciais à saúde dos consumidores, o que permite determinar medidas preventivas mediante a identificação dos pontos críticos de controle.

Em sua concepção original, a APPCC foi criada para assegurar a sanitariedade dos alimentos, de maneira estratégica e preventiva, destinada ao controle de todas as causas de contaminação, sobrevivência e crescimento de microrganismos. O sistema APPCC abrange toda a cadeia produtiva até a comercialização de alimentos. É uma técnica não tradicional de inspeção, que se concentra na prevenção e na solução de problemas por parte também do produtor. Esse sistema é meticuloso e trata as situações de forma individual, afastando-se do genérico (por exemplo, um produto, uma fábrica, uma matéria-prima).

Quando se trata de alimentos, portanto, é imprescindível que a cadeia de suprimentos tenha as condições adequadas para fornecer, com garantia, produtos de qualidade. Isso é válido para toda a extensão que abrange o comércio alimentício, desde as fábricas produtivas até a padaria na esquina de nossa casa. Qualidade sanitária é sinônimo de saúde, por isso é tão importante buscar assegurá-la.

5

Indicadores da qualidade

Como a própria denominação já evidencia, os indicadores da qualidade são ferramentas cuja função é indicar e apontar dados e informações. Eles buscam, de antemão, retratar os resultados do produto estudado, da maneira mais clara e sucinta possível, esmiuçando todos os detalhes desse item para a aplicação de possíveis melhorias.

É justamente por esse motivo que os indicadores são os aliados preferidos dos empresários, visto que são capazes de medir a distância entre a meta que a organização almeja e o resultado que ela já obteve. A união, portanto, de indicadores e planejamento efetivo pode levar a empresa a exercer suas atividades com qualidade e competência.

Além disso, cada indicador da qualidade traça o caminho que a empresa cliente deve seguir para que seus objetivos sejam alcançados – em especial, os de longo prazo –, permitindo ponderá-los em conformidade com as melhorias de base estrutural que a empresa deseja desenvolver.

Desse modo, os indicadores são muito importantes durante esse processo, pois podem sugerir ou revelar, nesse meio tempo, falhas e problemas que já eram frequentes na empresa ou que podem vir a ocorrer durante alguma das etapas planejadas, de acordo com o histórico apresentado.

Segundo o que foi elencado por Oliveira (2004), é possível definir um indicador como uma informação bem estruturada que permite avaliar componentes importantes de produtos, serviços, métodos ou processos de produção. Essa é uma das formas que possibilitam avaliar os resultados de um procedimento, os quais podem ser positivos ou negativos.

Outra tática de avaliação e de proposição de um indicador no âmbito do processo de qualidade de uma empresa refere-se às metas. Por intermédio delas, são estipulados projetos, de forma individual, para cada indicador, com base na finalidade e na especificidade de cada um.

Nesse sentido, é importante que durante o levantamento dos dados seja buscada a conexão entre as escolhas dos indicadores e os principais valores da empresa, como os pilares de missão e os objetivos estratégicos. Em outras palavras, para obter um resultado satisfatório, os indicadores precisam estar interligados ao fundamento da organização, conversando entre si.

Isso, no entanto, só será possível quando a empresa já tiver definido, de forma clara e distinta, aonde ela almeja chegar e a quem ela pretende auxiliar durante essa trajetória. Neste livro, você verá que é primordial reconhecer os valores da empresa para traçar um plano que contemple não só as ideias como também o perfil da organização.

Podemos compreender, então, que os indicadores calculam dados e informações que se apresentam de forma quantitativa.

Exemplificando

Como se poderia mensurar seu aprendizado sobre indicadores da qualidade até este ponto? Por certo, você deve levar em consideração que ninguém conseguiria "entrar" em sua mente para mensurar esse dado. Contudo, um método que se pode utilizar é a aplicação de uma avaliação sobre o tema. Com base nas respostas dadas às questões, é possível propor uma pontuação para cada uma delas, de modo que o resultado final aponte seu nível de conhecimento.

Agora, se quiséssemos medir sua concentração durante a leitura, isso já não seria possível, pois se trata de um resultado qualitativo; nesse caso, provavelmente seria preciso recorrer a tecnologias e testes para observar seu cérebro e, ainda assim, seriam grandes as chances de que não obter êxito. Você consegue perceber a diferença?

Para obter informações de qualidade, é necessário transformar e quantificar os dados, a fim de que estes resultem em informações concretas e precisas. No entanto, mais do que obter resultados, é preciso entender o que fazer com toda essa informação. De todo modo, primeiro, é imprescindível ter acesso aos dados para, em seguida, realizar o levantamento deles. Afinal, são esses os elementos que direcionam a análise para as soluções possíveis.

Os resultados de um conjunto de indicadores são essenciais para essa busca, pois podem proporcionar a compreensão geral de determinada instituição. Em outras palavras, além de revelarem a situação enfrentada pela empresa no atual mercado, os resultados apontam o que pode ser feito para expandi-la, já que os indicadores buscam constantemente alinhar os caminhos da companhia em direção a um trabalho de qualidade.

Além disso, quando se analisa uma instituição em comparação aos seus concorrentes, é notório que bons resultados podem gerar ações que, por certo, deixarão a solução ainda mais atrativa para cliente, tornando a empresa cada vez mais competitiva no nicho em que está classificada.

Quanto ao retorno esperado pelo cliente, os resultados de cada indicador também vão proporcionar valor referente à qualidade dos processos internos, que – se analisados corretamente e com atenção – podem gerar ações de melhorias nos setores aplicados.

Cabe lembrar que, para obter resultados internos de qualidade, é realmente necessária uma ação conjunta entre a empresa que presta o serviço e as demais empresas internas do cliente. Por essa razão, o impacto gerado pelas empresas internas – em relação tanto a aspectos positivos quanto a aspectos negativos – precisa ser devidamente considerado no planejamento.

Nesse sentido, as empresas que contribuem para o trabalho do cliente (empresas internas) têm papel importante no levantamento dos indicadores de qualidade e de gestão, pois, assim como as partes que são responsáveis por dar vida ao corpo, suas funções também são consideradas e vão agir diretamente no funcionamento da empresa estudada.

Exemplificando

Vamos considerar uma empresa que fabrica chocolates e imaginar que seu sistema de produção se encontra desequilibrado entre os turnos vigentes. Por certo, será necessário analisar as anomalias que comprometem a entrega e averiguar a efetividade de seus indicadores.

Ao retificar os desvios encontrados, será possível não apenas aumentar a produtividade dos turnos afetados como também mitigar a recorrência dessas falhas. Por sua vez, o equilíbrio alcançado com o aumento da produtividade influenciará o desenvolvimento e a qualidade de toda a instituição.

Agora, se o problema identificado estiver relacionado com a mão de obra da empresa, isto é, com a prestação de serviço de um dos funcionários, então será necessário aplicar um treinamento especializado na função que ele exerce, a fim de reduzir, posteriormente, a quantidade de produtos não conformes.

Para que seja possível averiguar a forma de treinamento mais adequada aos funcionários, é importante analisar a cultura da entidade e a maneira como os indicadores voltados ao trabalho interno têm sido desenvolvidos até o momento. Tendo isso em vista, deve-se trabalhar a conscientização de cada colaborador para que cada função seja exercida com qualidade, não porque se trata de uma obrigação, mas porque isso é algo que certamente beneficiará a todos.

Essa medida influenciará todo o ambiente de trabalho, pois a cultura de uma empresa vai além da ideia de que há "funcionários seguindo ordens estabelecidas"; implica, sobretudo, o respeito mútuo e a consideração pela segurança de todos no ambiente de trabalho.

O processo da qualidade que preza a vida e a saúde dos trabalhadores é um processo que viabiliza a essas pessoas o direito ao bem-estar físico, mental e social, tanto dentro quanto fora do ambiente de trabalho.

No caso de o problema estar interligado aos maquinários utilizados, será necessário realizar a troca das máquinas improdutivas, com o objetivo de reduzir as paradas para manutenção. Desse modo, será possível aumentar a produtividade, em função da diminuição do tempo de produção.

Entretanto, mesmo após a identificação dos potenciais problemas, ainda assim é preciso realizar uma análise profunda de cada situação, pois não basta encontrar problemas no funcionamento do processo, é fundamental entendê-los como um todo, a fim de que seja possível erradicá-los por meio de melhorias ou mesmo pela alteração do processo produtivo.

Dessa forma, uma solução que não seja aplicada para resolver o problema encontrado não poderá cumprir sua devida função no âmbito do processo no qual está inserida, ou seja, o que poderia mudar efetivamente o processo produtivo e de qualidade da empresa será algo que ficará somente no papel.

A qualidade, portanto, não deve ser apenas pensada, e sim realizada, já que o principal objetivo da qualidade e de sua gestão é tirar os indicadores do papel e torná-los uma realidade no ambiente em foco. É necessário, portanto, executar ações de melhorias com base nos resultados dos indicadores.

No tocante à produtividade da empresa, sabe-se que esta detém grande influência na determinação de preços de mercado, pois a quantidade produzida está relacionada à lei da oferta e da demanda, isto é, quanto mais se produz, maior é a flexibilidade de preços que a entidade poderá externalizar em seu nicho.

Considerando-se o cenário competitivo que as companhias enfrentam no mercado atual, é obrigatório que haja aperfeiçoamento e adaptação ao que foi planejado em sua proposta como empresa, sempre com vistas ao padrão de qualidade, a fim de se destacar em relação às concorrentes.

Nesse caso, para garantir uma boa posição da organização no eixo em que ela atua, deve-se investir, ao máximo, em ferramentas e no tempo gasto com o processo produtivo, pensando-se na otimização e nas melhorias de cada uma de suas etapas. Em suma, o bom posicionamento da empresa na área em que ela atua pode garantir, em consequência, lucratividade e retorno.

Por isso se torna tão importante que cada empresa mantenha atenção redobrada ao próprio segmento. É crucial, nesse sentido, ater-se, em específico, ao segmento de gestão de resultado, pois por meio dele será possível avaliar, com cautela, todos os indicadores que foram levantados. Examinar minuciosamente o funcionamento e a gestão dos indicadores permite tomadas de decisões mais seguras.

Tudo o que foi mencionado até este ponto demonstra a importância dos indicadores em uma organização, especialmente quando se trata de resultados. É evidente, porém, que a escolha de qual indicador utilizar deve ser uma tarefa planejada, de modo que o resultado indicado seja transformado em benefícios.

Sobre isso, Carpinetti (2010) aponta que, apesar de parecerem complexos, os indicadores são ferramentas fáceis de ser selecionadas (no caso de indicadores já existentes) ou criadas (no caso de se avaliar um novo processo na empresa). Quando escolhidos, o objetivo à frente será apenas o de mantê-los em atividade e de aperfeiçoá-los com o tempo, se for preciso.

Nada obstante, existem algumas características fundamentais para a estruturação de um indicador da qualidade. Na verdade, essas características são os pré-requisitos que trarão plena relevância ao levantamento de dados, os quais, portanto, precisam ser atentamente seguidos. Tendo isso em vista, esses atributos darão a base para que um indicador seja classificado como ideal no segmento em questão.

Na prática, sabemos que é pouco provável que um indicador tenha todas as características consideradas necessárias. É importante lembrar, entretanto, que deve haver, ao menos, o esforço e o empenho dos responsáveis para enquadrar o indicador no maior número possível de características importantes, as quais estão descritas a seguir:

- **Fórmula de cálculo:** como já mencionamos, o indicador precisa ser mensurado de forma quantitativa; então, para definir seu formato, deve-se usar uma fórmula matemática. Por exemplo, podemos calcular a produtividade de um processo mediante a divisão dos produtos produzidos pela quantidade de recursos utilizados:

$$\text{Produtividade} = \frac{\text{produtos produzidos}}{\text{recursos utilizados}}$$

- **Dados básicos:** é necessário ter acesso a todas as informações que serão utilizadas no cálculo, como a quantidade de determinado produto que uma máquina pode produzir por hora.
- **Unidade de medição:** é utilizada se o indicador é dimensional. No caso do exemplo apresentado anteriormente, a unidade é medida pelo tempo estipulado para o cálculo. Por exemplo: produtos produzidos no mês, no trimestre ou no ano.
- **Frequência de medição:** é estipulada conforme o retorno desejado pela empresa. Podemos citar como exemplo a frequência de medição para a tratativa de determinada fraqueza de uma empresa, considerando-se o fato de que os recursos utilizados ultrapassaram os produtos produzidos, tornando-a, dessa forma, improdutiva. Nesse caso, o tempo de análise deve ser reduzido, de modo que tal frequência possa ser acompanhada, tratada e projetada para o alcance de novos resultados, sendo discutida com a equipe de gestão.
- **Formato de exibição de resultados:** permite que a informação seja compreendida; assim, deve ser apresentada da maneira mais facilitada possível. Normalmente, os resultados são exibidos em gráficos (configurados em

barras ou linhas), pois precisam ser visuais e fáceis de interpretar.

- **Responsável pela coleta e cálculo dos dados:** o responsável pela coleta e pelo cálculo dos dados deve ter em mãos tudo o que foi levantado até então. É certo que a constância na extração das informações pode definir tomadas de ações de sucesso, então, para maior controle, é necessário delegar essa responsabilidade a alguém que esteja atento, pois assim o indicador não deixará de ser calculado. Cabe observar que, nessa situação, pode ser deixado um quadro de gestão à vista, com os responsáveis pelos indicadores. Também é interessante formalizar para a equipe a comunicação de quem são os representantes pelos dados, a fim de que seja atribuída a devida importância para a ação.
- **Responsável pela análise e pelo reporte dos dados:** o principal intuito do responsável pela análise e pelo reporte dos dados consiste na medição dos resultados em função do atingimento de novos efeitos; em virtude disso, o aplacamento e a discussão de tais informações devem ser realizados de forma constante, para o alinhamento e o desdobramento de ações, caso o resultado esperado não seja atingido.
- **Distribuição das informações:** nessa etapa, deve-se garantir que os dados estejam atualizados e disponíveis em locais estratégicos da empresa, de modo que todos fiquem atentos aos resultados, tanto os positivos quanto os negativos. Se os resultados não forem atingidos, essa estratégia permitirá que todos possam cooperar com sugestões e ideias de melhorias para os processos seguintes.

De acordo com Carpinetti (2010), além de suas características básicas, o indicador também contém uma estrutura composta de três componentes principais: o elemento, o fator e a medida. Definidos os componentes, será possível aprofundar a função dos indicadores no levantamento de dados e, assim, pensar em mais detalhes sobre como, onde e por que cada um deles pode ser aplicado.

O primeiro componentes, chamado de **elemento**, é o espaço de atuação de cada indicador em determinado processo. De modo geral, entende-se como elemento do indicador a área que ele contempla, isto é, um local físico. Como exemplo, podemos citar o desempenho de um maquinário que está em utilização em um cenário X (o elemento é a área produtiva).

Já no componente denominado **fator**, busca-se avaliar como os demais componentes se complementam e conversam entre si, trazendo um acréscimo a cada resultado a ser analisado. Assim, o fator expressa a compatibilidade entre os componentes que trazem base ao indicador, dispondo, dessa forma, a assistência em toda a elaboração da estrutura deste.

Vale ressaltar que dentro de cada elemento que forma um indicador pode ainda haver vários componentes que se constituem em fatores, de acordo com cada condição apresentada. Uma boa alternativa para essa questão seria, no exemplo anterior, calcular a média de tempo do carregamento de baterias por equipamento e por fábrica. Para essa situação, as variáveis da média de tempo foram incluídas no processo produtivo (que seria o elemento), no intuito de avaliar o desempenho das máquinas, mostrando, com precisão, o resultado esperado.

Por fim, o último componente de um indicador, denominado **medida**, diz respeito, basicamente, à característica que informa a unidade adequada para calcular cada fator levantado. Todavia, mesmo que a unidade seja baseada no Sistema Internacional de Medidas, ela poderá variar de acordo com a natureza do fato – caso haja necessidade, é claro.

Por exemplo, podemos calcular quantas horas cada colaborador trabalhou no decorrer de um mês, considerando a unidade de medida em homem-hora; qual foi a área limpa por um operador de máquinas em m²/minuto; ou até mesmo qual foi a distância percorrida entre cidades, em quilômetros. Dessa forma, cada empresa poderá adaptar suas medidas, se estas se encaixarem em um padrão que seja específico e usado em toda a estrutura.

Pensando nessas características que podem se encaixar no padrão da organização, podemos entender que a utilização de indicadores é capaz de modificar toda a estruturação da qualidade dentro das empresas, pois são eles que determinam quais são os limites e as fronteiras aceitáveis em cada procedimento.

O propósito de mantê-los em atividade, entretanto, precisa ser ainda maior, afinal, é por meio dessa alternativa que será possível garantir a efetividade de tudo o que foi levantado. Além disso, por meio do histórico das informações, os indicadores podem ainda possibilitar a realização, em um momento posterior, do acompanhamento minucioso da evolução de cada procedimento.

Por essa razão, a preocupação com a gestão de dados da empresa tem se tornado cada vez mais importante. As organizações procuram tecnologias que facilitem a coleta de dados e a apresentação destes em cada fase do processo. O controle e a qualidade, portanto, precisam estar juntos, em favor do progresso e da qualificação de cada atribuição.

Nesse contexto, vale destacar um recurso chamado de *Business Intelligence*, ou como *Power BI*, um programa muito utilizado para realizar a gestão e a apresentação de indicadores.

Tudo o que foi levantado e colocado em prática precisa ser discutido com todos os participantes da organização, e é isso que faz do *Power BI* uma excelente ferramenta de sistematização dos resultados da qualidade.

O *Power BI* é um programa responsável por tratar, basicamente, das informações levantadas e exibi-las por meio de relatórios. De forma ampla, seu principal objetivo é auxiliar as tomadas de decisão da empresa, tornando-as mais assertivas em relação aos levantamentos de dados.

Por meio dessa ferramenta, é possível selecionar os dados que se deseja expor e escolher as funcionalidades que o programa oferece para fazer as apresentações.

Um dos benefícios oferecidos pelo *Power BI* é a grande quantidade de dados que o programa é capaz de comportar, em diferentes fontes (*web*, planilhas, tabelas etc.). É possível alimentá-lo com informações diversas e ainda manter um histórico longo. Outra funcionalidade que enriquece a apresentação de dados é a possibilidade de programar o modo automático de atualizações, realizadas em horários fixos.

É por isso que, em virtude de suas funcionalidades atrativas, o *Power BI* pode ser utilizado como um grande gerenciador de indicadores, reduzindo, assim, a atividade e o trabalho que seriam necessários para a atualização e a análise de dados.

Após a compreensão da estrutura de um indicador, todo o processo de criação e de aplicação se torna, então, facilitado, já que o aplicador, que será responsável por monitorar e controlar esse funcionamento, entenderá a real importância dos resultados para a gestão de melhorias da empresa.

Assim, fica claro qual é o modelo de indicador ideal que a organização poderia utilizar para atingir seus objetivos, impulsionar seu crescimento e obter o melhor desempenho na gestão de seus dados.

Existe também o indicador de eficiência, que está inteiramente ligado aos recursos gastos e aos resultados obtidos para a realização de determinada atividade. Esse tipo de indicador pode ser levantado quando é possível realizar um processo de forma ideal, respeitando-se as normas estabelecidas, seguindo-se o procedimento operacional conforme o padrão de qualidade esperado e, sobretudo, reduzindo-se a quantidade de recursos empregados (tempo, insumos de entrada, mão de obra).

Uma empresa eficiente, que atinge seus resultados de forma inteligente, tende a ganhar muito com isso, afinal, toda a sua cadeia de valor – incluindo os clientes – é beneficiada, mesmo que indiretamente. Uma empresa que se preocupa em manter os indicadores de eficiência é uma empresa eficiente e empenhada em progredir.

De acordo com o indicador de eficiência, para realizar um acompanhamento apropriado, é necessário unir vários dos indicadores de processos e desdobrá-los em indicadores de tendência, a fim de que seja obtida uma análise precisa.

Bons exemplos seriam o indicador de produtividade, cuja capacidade calculada considera a quantidade de recursos e de produção, e o indicador de capacidade produtiva, que considera a produção real utilizando os recursos disponíveis.

Se a organização consegue atingir os indicadores que foram preestabelecidos e ainda se adaptar às tendências de mercado, é possível afirmar que se trata de uma empresa eficiente. Em um mercado altamente competitivo, uma empresa eficiente e organizada com seus indicadores sempre estará um passo à frente de sua concorrência.

Como já mencionamos, é importante lembrar, contudo, que a eficiência é mensurada de forma quantitativa, e não somente qualitativa. Ela é calculada da seguinte maneira:

$$\text{Eficiência} = \frac{\text{capacidade real}}{\text{capacidade efetiva}}$$

Em que:
- Capacidade real: é a contabilização real da produção.
- Capacidade efetiva: é a produção máxima atingida, considerando-se as atividades improdutivas, como *setup* de

máquinas, programação, tempo de manutenção, tempo de paradas e troca de turnos.

A eficiência e seu indicador também retratam a adaptação que uma empresa é capaz de realizar em relação à sua produção, tendo em vista que, em seu planejamento, a entidade busca sempre se voltar aos desejos de cada cliente, colocando em prática os processos estáveis e que já estão sob controle.

Se tal ação se mantiver firme em todas as áreas da instituição, isso certamente tornará essa empresa competitiva, com flexibilidade e rapidez de resposta ao mercado. Ou seja, o fato de inovar os próprios produtos utilizando os mesmos recursos que os da produção convencional torna a empresa receptora do indicador de eficiência.

Segundo Corrêa e Caon (2014), os bens convencionais podem ser customizados por meio de ações das áreas de comercialização e distribuição, sem necessariamente afetar a produção.

Enquanto algumas organizações cedem à produção em massa, objetivando a quantidade e, consequentemente, os preços baixos, uma empresa eficiente busca a excelência de tal forma que seu cliente obtenha exatamente o que está procurando ou seja surpreendido.

São duas estratégias atuantes no mercado e igualmente essenciais para seu funcionamento, embora cada qual tenha redes de clientes diferenciadas, visto que dois fatores clássicos se encontram aqui envolvidos: preço e qualidade.

5.1 O que é importante medir?

Para aplicar um indicador em uma corporação, é preciso entender quatro aspectos básicos de seu funcionamento: o objetivo, a justificativa, o ambiente e o padrão, os quais devem estar bem definidos e aliados à sua finalidade.

O item **objetivo** é claramente a finalidade do indicador na área em que ele vai atuar, ou seja, aquilo que os resultados vão expressar durante toda a sua aplicação. Aliado à finalidade, o aspecto da **justificativa** também está relacionado à importância do indicador, considerando-se as razões para que ele seja utilizado e esmiuçado no decorrer do levantamento das informações.

Quanto a este último item, pode acontecer de um indicador, que foi selecionado em determinado momento, não ser mais útil à empresa em virtude da modificação de processos e até mesmo da aplicação de melhorias.

Exemplificando

Vamos supor que uma empresa, em seu estágio inicial, apresentava altos índices de *turnover* (taxa de admissão e rescisão). A fim de reduzi-los, foi então implantado um indicador para monitorar o caso.

No decorrer dos anos seguintes, a taxa de admissão e rescisão diminuiu, pois foram trabalhados pontos críticos da empresa, como a qualidade e o bem-estar dos funcionários, com o objetivo de reduzir seu desligamento.

Em casos como o descrito, em que o indicador foi controlado, há necessidade de mantê-lo e de acompanhá-lo? A resposta é simples! Como os dados já estão controlados, o indicador automaticamente perde a sua importância (justificativa), podendo, assim, ser arquivado.

O item **ambiente**, por sua vez, refere-se ao processo produtivo em si, relacionando-se, principalmente, à avaliação da qualidade – os indicadores de desempenho (*off-line*) ou de apoio (*on-line*).

É de se considerar que esse item seja um dos elementos essenciais na escolha do indicador, tendo em vista que cada um dos indicadores precisa desenvolver estratégias, em seu potencial, para demonstrar a situação da empresa no mercado. Dessa forma, deve-se atentar para a necessidade de fazer dele um tópico eficaz na área em que o indicador será introduzido. Recomenda-se, pois, especial cautela na escolha desse item.

Para finalizar, o último aspecto básico a ser observado para a aplicação de um indicador é o **padrão**. Esse item busca avaliar o resultado obtido, ou seja, o valor que foi extraído por meio da aplicação de indicadores. Deve-se apresentar a meta almejada, bem como evidenciar se ela está sendo alcançada ou não.

De modo geral, os indicadores permitem a expansão do campo de visão das corporações para que estas entendam quais são os pontos de melhorias que ainda precisam ser desenvolvidos, possibilitando, dessa maneira, a tratativa dos impasses encontrados.

Além disso, os indicadores podem proporcionar uma visão de progresso em relação ao cliente, apresentando-se, assim, como uma forma de evidenciar se a empresa está alinhada com seus objetivos estratégicos ou não. Caso ainda não esteja, os indicadores são capazes de propor alternativas que podem ser utilizadas para adequar a empresa ao objetivo traçado.

A aplicação dos indicadores tem como funções atender às expectativas de todos os seus clientes, possibilitar a compreensão da posição ocupada pela instituição e, ainda, identificar a conformidade dessa posição à missão da empresa. Os indicadores fornecem o trajeto para o sucesso, por assim dizer; basta compreendê-los e aplicá-los de maneira inteligente.

Tendo isso em vista, como saber, então, qual é o indicador ideal a ser usado em determinada empresa? Para realizar uma boa escolha de indicadores, é necessário responder às seguintes perguntas:

a. Quais informações são uma ameaça para a empresa?
b. Quais são os critérios do cliente que a empresa ainda não consegue atingir?
c. Quais são as metas estabelecidas?

O primeiro questionamento se refere àquelas informações que mais precisam de cuidado e de atenção. O que é uma ameaça deve ser tratado com urgência. É fato que todas as empresas têm um ponto fraco. Mas a questão é "como" e "o que" se vai fazer com toda essa informação. A ideia aqui é utilizá-la como um impulso para os negócios.

A partir do momento em que se tem ciência disso, de quais ações precisam ser realizadas para mudar o cenário, o foco se volta ao propósito de não permitir que o contexto adverso afete, de alguma forma, a organização. Uma empresa que reconhece seus riscos e suas fraquezas torna-se capaz de conquistar a força e o foco para o controle necessário.

Para compreender quais são as ameaças, pode-se realizar a análise SWOT (*Strengths, Weaknesses, Opportunities* e *Threats*), também conhecida como FOFA (Forças, Fraquezas, Oportunidades e Ameaças), como indica a Figura 5.1.

Figura 5.1 – Matriz SWOT

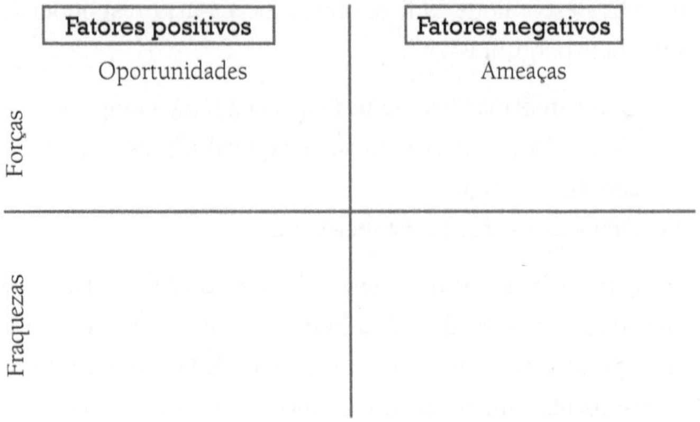

	Fatores positivos	Fatores negativos
Forças	Oportunidades	Ameaças
Fraquezas		

Fonte: Elaborado com base em Silva, 2009.

A matriz SWOT conta com dois fatores internos e dois fatores externos à empresa, assim descritos:

- **Forças**: são as características positivas da empresa, que a tornam competitiva em relação aos seus concorrentes.
- **Fraquezas**: são as dificuldades internas vivenciadas pela empresa. Esses fatores interferem na rentabilidade e na eficiência e podem, ainda, impactar a satisfação do cliente ou gerar algum prejuízo.
- **Oportunidades**: são acontecimentos e tendências externas que podem tanto otimizar os resultados da empresa quanto favorecer a abertura de novas abordagens.
- **Ameaças**: são questões do cenário alheio que podem enfraquecer ou tornar vulneráveis seus negócios, seus projetos e suas atividades.

Como afirmado anteriormente, a matriz SWOT é uma importante ferramenta que a empresa pode utilizar para identificar, de maneira racional, seus pontos críticos. Por isso, muito mais do que entender, é necessário aplicar as ações, sempre com foco no cliente, para se tornar uma empresa diferenciada em relação à concorrência.

Depois de abordarmos as características básicas e o funcionamento da aplicação dos indicadores no processo de gestão e de controle de dados de qualidade da empresa, podemos agora seguir para a apresentação dos tipos de indicadores.

5.2 Transformando informações em indicadores

Em diferentes culturas do mundo todo, existem vários modelos de indicadores de gestão disponíveis para aplicação e levantamento de dados e, como discutido anteriormente, cada empresa deve selecioná-los de acordo com os resultados almejados e com suas características.

A escolha do indicador, portanto, deve estar alinhada com o desdobramento dos resultados, que serão analisados posteriormente. Entre os indicadores de gestão mais utilizados pelas empresas, podemos citar, como exemplos, os indicadores de eficiência, de eficácia, de efetividade, de atendimento, de capacidade, de competitividade e de qualidade.

Em consonância a isso, é importante salientar que os indicadores – utilizados para todos os setores da empresa – devem ser analisados de forma ampla, e não singular, pois os setores estão totalmente conectados, cooperando para alcançar um resultado comum. Tendo em vista uma ação conjunta, cada indicador contribuirá para a análise e a investigação dos aspectos que serão levantados, por isso é relevante que eles não atuem de forma isolada.

São muitos os aspectos a serem analisados, principalmente quando se trata de indicadores de gestão. Para tratar dessa questão em um contexto mais amplo, serão examinados, nos próximos tópicos, exemplos de indicadores potenciais de ganhos ou perdas; de conformidade dos produtos; de satisfação do cliente; de desempenho dos processos; de resultados de auditorias; de ações preventivas e corretivas; além dos indicadores de desempenho da equipe e dos cenários que alteram o sistema de gestão.

Quando chega o momento de planejar a apresentação desses indicadores, a explanação pode ser realizada em uma reunião diária com os participantes, de maneira que os dados possam ser discutidos e analisados por todos.

Durante a reunião, é importante que os indicadores sejam descritos em um quadro de gestão, a fim de que todos possam analisá-los e realizar questionamentos e reflexões sobre cada resultado apontado, tanto os que estiverem fora quanto os que permanecerem dentro das metas.

Nesse momento de discussão de resultados, é essencial que todos os participantes das áreas interajam e conversem entre si, abordando as dificuldades e as estratégias usadas no decorrer da coleta de dados. Isso funciona para que ideias e inovações sejam apresentadas, de modo a gerar um plano de ação objetivo e preciso entre todas as partes.

É necessário, sobretudo, um trabalho em equipe, com todos os integrantes voltados a um só objetivo: o desempenho e o progresso da empresa. O foco precisa estar no resultado esperado pela organização, em sua produção, buscando-se alcançar, de forma ética, qualidade de mão de obra e qualidade do produto. Uma empresa que se preocupa com seus colaboradores é, sem dúvida, uma empresa que se preocupa com a própria qualidade.

A metodologia chamada Gerenciamento da Rotina (Gerot) é utilizada para o gerenciamento dessas informações. Quando se fala em gerenciar resultados, é preciso ter em mente que não é possível gerenciar algo sem metas, pois, se não houver objetivos, não se saberá aonde se quer chegar.

No método Gerot, os indicadores da qualidade contemplam duas classificações: as metas de melhoria e as metas de controle. A primeira categoria articula a criação de novos padrões ou a melhoria dos existentes, enquanto a segunda cumpre os padrões existentes.

O ato de gerenciar e de realizar as atividades conforme o planejamento estipulado previne possíveis erros durante os processos. Mas qual é o problema de haver erros?

Quando acontece alguma situação inesperada, todas as ações se voltam à resolução dessa questão, o que resulta em perda de tempo e afeta, evidentemente, o atingimento da meta pela empresa. Além disso, são atividades que não agregam valor, ou seja, o ônus é grande.

O Gerot apresenta como objetivos a melhoria contínua e a prevenção de falhas. Para isso, deve-se seguir alguns passos, de forma que os processos estejam em constante harmonia. São eles:

1. **Definição da autoridade e da responsabilidade de cada pessoa:** é necessário que a responsabilidade seja definida, pois sabemos que somente uma pessoa não consegue gerir um conglomerado de indicadores; são designados, então, responsáveis por cada indicador.
2. **Padronização dos processos e dos produtos:** todos os processos realizados precisam estar devidamente padronizados, no intuito de evitar erros. Convém ressaltar que essa padronização deve ser formalizada por meio de procedimentos operacionais padrão (POPs) e fluxogramas

que consigam descrever tudo o que foi realizado. Além disso, durante esse processo de padronização, é preciso disponibilizar os resultados para todos os funcionários da empresa, pois traz maiores esclarecimentos em relação a possíveis dúvidas. Aqui vale lembrar também a importância de aplicar os devidos treinamentos.

3. **Monitoramento dos resultados:** é nessa fase que se encontram as dificuldades de atingir os resultados. A monitoração deve ser constante, e qualquer desvio precisa ser comunicado a cada responsável, para que seja posteriormente eliminado.
4. **Ação corretiva:** ocorre a partir da identificação de dificuldades e erros. Para aplicar ações corretivas, é necessário compreender qual é a causa raiz do problema (veremos, na sequência, quais ferramentas podem ser utilizadas).

Tendo em vista esses aspectos, vamos agora abordar cada ponto minuciosamente. Em primeiro lugar, deve-se determinar quem são os responsáveis pelos indicadores.

Vamos supor que a empresa iniciou o Gerot utilizando estes cinco indicadores:

1. Qualidade: Qualidade do serviço e satisfação do cliente.
2. Produtividade: Indicador e produtividade.
3. Disponibilidade: Disponibilidade de máquinas.
4. Segurança: Número de acidentes.
5. Financeiro: Custos.

O ideal é que cada indicador fique sob a responsabilidade de uma pessoa e que os líderes sejam indicados pela equipe, para determinar as demais atividades.

Nesse caso, o líder será responsável por buscar as informações necessárias, realizar os cálculos, atualizar o quadro de metas e apresentá-los nas reuniões dos times. Aqui é importante destacar que cada empresa tem a liberdade de inserir as informações em seu quadro de gestão, a fim de torná-las visíveis a todos. O importante é que isso seja feito em um local de fácil acesso.

Durante a reunião ordinária, são apresentados os dados e, para cada dia em que o indicador não alcançar a meta, deverá ser elaborada uma ação imediata no plano de ação (que abordaremos a seguir). Uma ação imediata é uma ação preventiva para eliminar o problema. As ações podem ser realizadas com o time completo, pois, quanto mais pessoas ajudarem na solução, melhor ela será.

Quanto aos POPs, é preciso ter muita atenção e cautela. Os participantes devem imaginar que estão elaborando o manual de instrução de uma motosserra (um equipamento muito perigoso), de forma que o usuário final não tenha dúvidas depois ler o material e consiga executar a atividade com segurança.

Para isso, deve-se elaborar o fluxograma dos processos, os quais devem estar bem detalhados, a fim de que qualquer pessoa, mesmo aquela que não tenha conhecimento deles, seja capaz de desenvolvê-los. Na Figura 5.2, apresentamos um modelo de fluxograma.

FIGURA 5.2 – Fluxograma referente à resolução de demandas

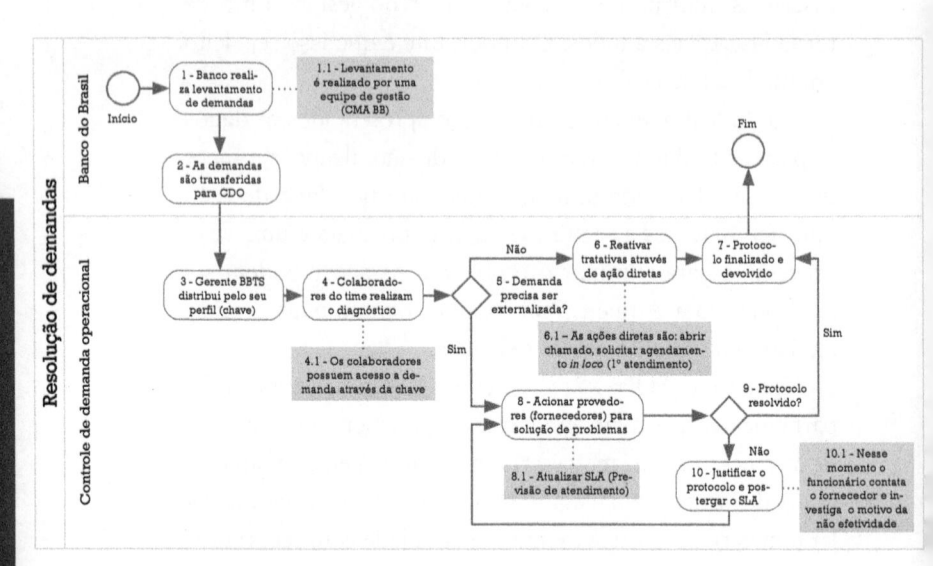

[Fluxograma com as seguintes etapas:

Banco do Brasil:
- Início
- 1 - Banco realiza levantamento de demandas
  - 1.1 - Levantamento é realizado por uma equipe de gestão (CMA BB)
- 2 - As demandas são transferidas para CDO
- Fim

Controle de demanda operacional:
- 3 - Gerente BBTS distribui pelo seu perfil (chave)
- 4 - Colaboradores do time realizam o diagnóstico
  - 4.1 - Os colaboradores possuem acesso a demanda através da chave
- 5 - Demanda precisa ser externalizada?
  - Não → 6 - Reativar tratativas através de ação diretas
    - 6.1 - As ações diretas são: abrir chamado, solicitar agendamento in loco (1º atendimento)
  - → 7 - Protocolo finalizado e devolvido
  - Sim → 8 - Acionar provedores (fornecedores) para solução de problemas
    - 8.1 - Atualizar SLA (Previsão de atendimento)
  - 9 - Protocolo resolvido?
    - Sim → 7
    - Não → 10 - Justificar o protocolo e postergar o SLA
      - 10.1 - Nesse momento o funcionário contata o fornecedor e investiga o motivo da não efetividade]

O fluxograma precisa ter um início e um fim, e todas as atividades devem estar conectadas. Para que você compreenda os processos que necessitam de maior detalhamento, vamos considerar os seguintes critérios:

1. Várias pessoas executam a atividade.
2. Tarefa repetitiva (cíclica).
3. Apresentar risco de:

    a. Qualidade.
    b. Segurança.
    c. Meio ambiente.
    d. Retrabalho.
    e. Financeiro.

4. Estar em contato direto com o cliente.
5. Alto impacto no resultado do processo.
6. Complexidade de execução.
7. Outro.

Seguindo-se essas especificações, não haverá erros na aplicação da descrição de processos na empresa.

O passo seguinte é a monitoração dos resultados. Sabemos que há um procedimento a ser seguido e que este foi elaborado com muita cautela; desse modo, todos os responsáveis pela execução da atividade precisam ter a responsabilidade de respeitar o processo.

Algumas empresas utilizam um modelo de *script*, responsável por nortear e padronizar o atendimento adequado do funcionário para com o cliente. É claro que, se utilizado em excesso, esse modelo torna o atendimento robotizado e certamente levará o funcionário a se alienar no trabalho, deixando o cliente final um tanto desconfortável. Os modelos de *scripts* criam padrões como:

1. Saudar o cliente.
2. Anotar o pedido.
3. Enviá-lo para a produção.
4. Organizar a entrega, realizando a montagem.
5. Receber dinheiro e dar o troco.
6. Agradecer e desejar o retorno do cliente.

Outro método tecnológico padronizado usado atualmente é o WhatsApp Business, que se vale de mecanismos de resposta automática. Trata-se de uma maneira de reduzir o trabalho manual, o tempo utilizado para responder individualmente e, ainda, o valor da mão de obra disponibilizada para esse tipo de serviço.

Esses modelos de padronização elaborados pela equipe de gestão da empresa exigem muito cuidado na aplicação e na propagação de conhecimentos, pois requerem, além da implementação de treinamentos, respeito às regras e cooperação para o alcance de resultados. Se os funcionários não aplicarem as ordens designadas, a monitoração dos resultados será árdua e talvez as metas estipuladas não sejam atingidas.

Sob esse aspecto, é possível considerar que a monitoração é uma das únicas evidências que denotam se os processos da empresa estão sendo seguidos. As melhorias exigem que se tenha controle dos dados, de forma que estes permaneçam constantes.

Para um monitoramento eficaz, é possível utilizar ferramentas que auxiliem no levantamento dos dados.

Exemplificando

Vamos supor que será monitorada a produtividade do funcionário X, que executa a atividade de limpeza; pode-se, então, acompanhar sua rotina periodicamente, a fim de compreender o que impacta sua atividade diária, ou monitorar a qualidade do serviço por meio de questionários respondidos pelo cliente após a entrega de determinada atividade. Vale ressaltar que, para monitorar, é necessário utilizar métodos consistentes e que mantenham um histórico para análises posteriores.

Contudo, se a monitoração dos dados apresentar inconsistências graves e descontrole das informações, será preciso aplicar ações corretivas, com o intuito de controlar os resultados. Esse seria o caso se, por exemplo, durante o monitoramento, fosse identificado que o funcionário não estava seguindo o procedimento-padrão, pois demorava muito para realizar determinada tarefa. Analisando-se melhor, no entanto, percebeu-se que a demora se devia ao fato de que o processo que ele estava executando trazia riscos à segurança.

Então, como ação corretiva, foi realizada a reavaliação do método de procedimento. Depois, foi feita a reciclagem de treinamento com o funcionária em questão, na qual o processo foi explicado em conjunto com o fluxograma e com os motivos pelos quais aquela atividade deveria ser realizada conforme explicitado no procedimento. Em seguida, realizou-se uma avaliação de treinamento, a fim de garantir o entendimento, por parte do funcionário, de todas as informações fornecidas.

Em suma, todas essas tratativas permitem que o método Gerot seja aplicado e gerenciado com exatidão e qualidade, o que possibilita que a empresa atinja os resultados desejados, sem perda de energia (tempo, dinheiro, mão de obra etc.).

Vimos algumas das ações (imediatas e corretivas) que são utilizadas para resolver um problema. Agora, vamos abordar esses temas de maneira mais abrangente.

5.2.1 Ações imediatas

O principal foco da qualidade de uma empresa sempre estará em manter os processos e os produtos em conformidade com os parâmetros estipulados. Mas, afinal de contas, o que vem a ser conformidade?

Considerando-se o trâmite necessário para a entrega de um serviço que busca bons resultados, **conformidade** é o atendimento de determinado produto a requisitos estabelecidos, como contrato, regulamentação, acordo e especificação.

Quando o produto atende a esses requisitos, dizemos que ele está conforme, isto é, dentro dos padrões. Sabemos, contudo, que, durante o período de produção, nem tudo sai como o esperado.

É certo que alguns momentos não estarão imunes a situações adversas que poderão prejudicar a programação do plano. Por isso é necessário pensar em estratégias para conter esses problemas. Nesse caso, para uma estratégia que contemple maiores eventualidades, utilizam-se as ações imediatas.

A ação imediata é a primeira a ser realizada quando se identifica um problema, tendo-se em mente uma ação planejada capaz de impedir a recorrência de determinada situação.

Exemplificando

Vamos pensar em uma fábrica de alimentos na qual foi identificada pela equipe da qualidade a ocorrência de contaminação no piso do setor de testes de produtos.

Essa contaminação pode se alastrar por todos os setores da fábrica e impedir – caso não seja mitigada – as etapas do processo de produção, resultando, dessa forma, em uma possível parada produtiva.

Logo, a ação imediata que poderia ser tomada seria a de isolar o local e solicitar à equipe responsável uma limpeza especial, que é realizada com produtos químicos e materiais específicos. Nesse caso, só após o término da limpeza é que se faz necessária a coleta de *swab* do piso, que será analisada em laboratório para garantir que a bactéria foi realmente eliminada. Essa ação não deve ser aplicada somente no local de impacto, mas também ao redor, onde há maior fluxo de pessoas. Além disso, a coleta biológica deve ser realizada por toda a fábrica.

Nesse exemplo, podemos compreender que, quando ocorre um tipo de contaminação em algum espaço de uma fábrica de alimentos, existe um processo a ser seguido, como a coleta de *swab* (haste estéril utilizada para a coleta de exames microbiológicos, com a finalidade de avaliar a qualidade da limpeza e descontaminar equipamentos) e a limpeza especial do piso (feita com produtos químicos específicos, que apresentam porcentagem de concentração elevada). A medida imediata a ser tomada, como vimos, deve ser o isolamento do local; posteriormente, devem ser realizados os demais processos.

Portanto, uma ação imediata é aquela medida de contingência a ser processada no momento em que ocorrem anomalias no processo. Quando colocada em prática de maneira eficaz, a ação imediata pode ser capaz de mitigar a falha encontrada e, assim, impedir problemas maiores.

5.2.2 Ações corretivas

Diferentemente da ação imediata, a ação corretiva deve ser tomada após a identificação da não conformidade. Ela tem como objetivo eliminar a causa de forma que esta não torne a acontecer, por isso deve ser gerenciada por um especialista do processo, tendo em vista que se trata também da possibilidade de melhorar o desempenho da atividade/processo.

Para que ocorra de maneira eficaz, a ação corretiva precisa ser amplamente estudada, analisada e aplicada com assertividade, de modo a resultar em melhorias ou em alinhamentos de processos. Cabe observar que, dependendo de cada estratégia, se a ação corretiva não tiver eficácia em um prazo determinado, este deverá ser postergado até que o resultado seja atingido.

Exemplificando

Refletindo sobre essa ideia, vamos imaginar que os funcionários de uma empresa precisam realizar a retirada de sobras de um produto final, fabricado em fornos quentes. Em seguida, as sobras devem ser colocadas em sacos plásticos, presentes em compartimentos metálicos, com tampas. Certo dia, porém, o processo gerou um risco: houve um princípio de incêndio.

O motivo que causou o princípio de incêndio foi o contato da sobra do produto final, em alta temperatura, com o saco plástico. Nessa situação, quais seriam as ações mais adequadas para conter o problema?

De maneira geral, a ação imediata seria chamar a brigada de incêndio, para conter o fogo; a ação corretiva, por sua vez, seria atualizar o procedimento, incluindo borrifadores de água que pudessem resfriar o material antes de seu descarte em sacos plásticos.

Primeiro, portanto, deve-se providenciar os borrifadores; em seguida, treinar os colaboradores de forma eficiente, com a aplicação de avaliações de treinamento e a garantia de que as ações incluídas na atualização serão executadas. Além disso, as atividades devem ser acompanhadas.

Vale lembrar que, sempre após três meses, a reciclagem de treinamento deve ser aplicada à equipe, e o acompanhamento deve continuar até que todos tenham confiança no processo. Com base nos aspectos analisados, é possível compreender que a ação corretiva demanda estratégias, métodos e, o mais importante de tudo, mudanças.

A ação corretiva tem extrema importância na tratativa de não conformidades, pois torna os processos mais sólidos. Uma ação corretiva detalhadamente planejada é capaz de promover a melhoria e a correção do que não está conforme, trazendo qualidade ao procedimento.

Exemplificando

Situação 1: certo dia, o cano da pia da cozinha estourou, ocasionando vazamento de água. Após a análise da situação, identificou-se que havia problemas hidráulicos com a pressão da água, em razão do diâmetro do cano.

Ação corretiva: realizar a troca do encanamento, considerando-se um diâmetro maior para diminuir a pressão da água.

Situação 2: constatou-se o corte incorreto da embalagem de goma de mascar, o que estava gerando perda de produtos. No momento da análise, identificou-se que a precisão da máquina durante a execução da tarefa estava fora dos padrões, em decorrência de erros no painel de programação.

Ação corretiva: realizar manutenção das peças e calibração das ferramentas de corte.

5.3 KPIs e seus desdobramentos

Temos, à nossa disposição, indicadores KPI (*Key Performance Indicator*), ou indicadores-chave de desempenho, em seus processos de gestão. Quando se fala em indicadores de efetividade em uma organização, é preciso ter em mente que eles certamente representam os índices que mais importam para o sucesso de uma empresa; assim, é fundamental que eles estejam de acordo com a missão e com valores que ela definiu.

A importância dos KPIs se justifica pelo fato de que eles proporcionam diversas vantagens, como a obtenção de informações valiosas e úteis e a possibilidade de mensurar variáveis e resultados de uma informação, o que permite a comparação entre processos ou entre períodos específicos. Além disso, por meio da análise dos dados obtidos, é possível estabelecer estratégias mais eficazes e, é claro, tomadas de decisão mais assertivas.

Ademais, convém ressaltar que os indicadores de efetividade devem ser apresentados a todos os colaboradores da empresa, para que, dessa forma, cada um deles possa identificar o que de fato é importante para a gestão da corporação. O trabalho em equipe e a comunicação, portanto, são peças fundamentais na aplicação desse tipo de indicador.

O indicador de produtividade busca avaliar o desempenho de um equipamento ou colaborador durante determinado período (hora, dia, mês). Com base nas informações levantadas, é possível mensurar se as atividades realizadas foram cumpridas no tempo estipulado e se estão adequadas aos processos. Se, porventura, o indicador não for atingido, será então necessário realizar um estudo da atividade por meio da coleta de tempos, a fim de identificar os eventos ocorridos que influenciaram os resultados.

O estudo deve ser realizado *in loco*, respeitando-se os seguintes critérios:

a. Deve-se observar o procedimento da atividade realizada (por exemplo, processo de limpeza de piso cerâmico).
b. O observador deve ser único.
c. O instrumento de medição deve ser o mesmo, utilizado nas mesmas condições.
d. O local deve ser o mesmo.
e. Deve-se fazer a observação em momentos diferentes.

Todos os critérios são estabelecidos para que os resultados tenham o mínimo de desvio possível.

Qualquer organização atuante no mercado tem interesse em saber se seu produto ou serviço está atendendo às expectativas do público. Já que o propósito desse indicador é a qualidade ou a acessibilidade, cada empresa precisa então compreender seu patamar e trabalhar com essa premissa, no intuito de torná-la mais atraente, tanto para o mercado quanto seu público-alvo.

Quando se trata de produtos, é possível mensurar esse parâmetro por meio do retorno de vendas e do índice de reclamações formalizadas. Já no caso de serviços, o viés é outro, pois, nesse caso, é necessário buscar contato com o cliente.

O contato, nesse sentido, visa identificar quais são as expectativas do consumidor e se tais expectativas estão sendo atendidas. Para que isso ocorra de maneira efetiva, o contato entre a empresa e o cliente deve ser frequente e transparente, de modo que, juntos, possam dimensionar as melhores alternativas para a reprodução de um serviço de qualidade.

Refletindo-se sobre esses pontos, fica evidente que, em ambos os casos, é necessário analisar as características específicas do material a ser oferecido. Além disso, deve-se compreender o desejo do público, de forma que ele possa ser atendido.

As métricas de levantamento de dados podem ser feitas por meio dos indicadores de satisfação do cliente, de lucro da empresa, de tempo de atendimento, entre outros; isso vai depender do que a empresa cliente tem como plano. Não obstante, cada grupo de cliente tem suas particularidades, e o intuito da empresa, por certo, é atendê-los de forma neutra, a fim de atingir um público maior.

Exemplificando

Vamos imaginar que uma empresa vendedora de doces tem um público variado e espalhado pelo país. Sabendo que o Brasil conta com uma culinária diversificada e ligeiramente diferente de um estado para outro, a empresa precisa compreender qual será o desejo do cliente local e desenvolver produtos para melhor atendê-lo.

Tendo isso em vista, sabemos que, se a empresa se arriscar, aprimorando sua ideia com determinado produto, ela poderá influenciar diretamente seu retorno de vendas, considerando-se o fato de que seus clientes podem ficar satisfeitos ou não com as mudanças realizadas.

Em compensação, no caso de uma empresa que é fornecedora de produtos por meio de plataforma *on-line*, o índice de vendas é diretamente proporcional à quantidade de ligações atendidas e aos problemas resolvidos; nesse caso, a somatória dos índices de tempo e de atendimento é que será feita para gerar os resultados e levantar dados para os indicadores.

Esses dados, no entanto, devem ser analisados e estudados de forma minuciosa, buscando-se reduzi-los ao máximo, para estabelecer, por meio do diálogo e da discussão, os objetivos individuais e coletivos (de equipe). Durante o estudo e o levantamento, é primordial observar quais serão os possíveis problemas geradores de resultados negativos para a empresa, como a falta de treinamento de um colaborador, a qualidade ruim da internet ou, ainda, a falta de ferramentas necessárias para automatizar os processos.

Com base nesses levantamentos e nos diferentes modelos de trabalho que garantem rapidez, a empresa conseguirá aplicar a qualidade e a assertividade no atendimento, o que trará um retorno positivo, além de grandes resultados. O que mais se espera é que a instituição domine e compreenda, de forma integral, o público-alvo do cliente, para assim aplicar as estratégias que mais favorecem seu desenvolvimento.

Segundo Arruda (1998), os clientes sempre estimam a qualidade do serviço prestado, desde o produto adquirido até o atendimento, a agilidade, entre outros aspectos. Para concluir se o atendimento foi de qualidade ou não, o cliente então compara suas expectativas com o serviço que, de fato, recebeu.

5.4 Principais indicadores da qualidade (produto, processo e custo)

Nesta seção, vamos tratar dos indicadores de eficácia. Para compreender o real objetivo desse tipo de indicador, é preciso, antes, entender o significado do termo *eficácia*. Podemos afirmar, *grosso modo*, que o termo *eficácia* está atrelado ao resultado positivo quando se atinge determinada meta de um plano. Sob esse mesmo ângulo, o indicador de eficácia é aquele que corresponde ao alcance da meta estipulada (estando de acordo com o plano da atividade que foi desenvolvido) e que representa, em seu percentual, a proximidade entre os resultados e os objetivos da empresa (a meta propriamente dita).

Por meio desse indicador, é possível entender qual é a situação em que a empresa se encontra – que é avaliada pela distância entre o objetivo e os resultados – e quais são as necessidades de ajuste para alinhar eventuais desvios. O indicador de eficácia é capaz de mostrar a pertinência de cada objetivo e o que pode ser feito para que os resultados sejam atingidos.

Todavia, o indicador de eficácia não se aprofunda no motivo que levou ao não cumprimento da meta, pois ele está atrelado ao resultado somente de forma quantitativa – evidenciando a quantidade de recursos utilizados, por exemplo. Por essa razão, trata-se de um indicador muito utilizado para mensurar se o objetivo foi cumprido, mas cuja mensuração ocorre maneira superficial.

Portanto, embora valioso, se for usado isoladamente, o indicador de eficácia não será capaz de realizar as ações necessárias para alterar o estado atual da situação apontada. Tendo isso em vista, com a utilização desse indicador, deve-se realizar o levantamento dos motivos que dificultaram o alcance dos resultados esperados.

Exemplificando

Vamos imaginar que a empresa em que você atua solicitou que você realizasse um pedido de compra de brindes para entrega no evento do Dia das Mães. O brinde não foi especificado, então você deve decidir qual objeto entregar. Assim, você inicia o processo realizando pesquisa de preços e itens no mercado.

Foi coletada uma amostra de cinco modelos de presentes e os respectivos preços, mostrados na Tabela 5.1.

Tabela 5.1 – Itens cotados para o evento do Dia das Mães

	Chaveiro personalizado	Porta-lápis	Esmalte	Copo enfeitado
Preço unitário	R$ 5,00	R$ 6,99	R$ 4,99	R$ 6,50
Preço de 30 unidades	R$ 142,50	R$ 195,02	R$ 136,23	R$ 195,00
Desconto	5%	7%	9%	0%

Sabendo que serão necessários 30 itens, você então selecionou os esmaltes e os chaveiros da tabela – digamos que sua escolha se deu por conta da delicadeza e da beleza do material. Dessa forma, você comprará 15 itens de cada e os distribuirá aleatoriamente entre as mulheres da empresa que são mães. Em seguida, você repassou o orçamento ao Setor de Compras, para a realização dos trâmites necessários.

Fazendo uma análise crítica da situação abordada, bem como de todos os aspectos que contemplam o indicador de eficácia, você achou que a compra dos brindes foi efetiva?

A resposta é "sim", pois ela aconteceu efetivamente. Mas ela foi eficiente? Bem, nesse caso precisamos analisar melhor a situação.

Quando falamos em eficiência, consideramos a realização de determinada atividade da melhor forma, isto é, a melhor execução possível para gerar bons resultados.

Com isso em mente, podemos afirmar que a eficiência está atrelada à gestão de recursos, ou seja, às estratégias de utilizar – de maneira inteligente e efetiva – somente os recursos necessários àquele projeto.

No caso da hipótese dos brindes, descrita anteriormente, a compra seria eficiente se o menor valor tivesse sido escolhido, de maneira a economizar os recursos disponíveis para, assim, convertê-los em lucro.

O indicador de eficácia, nesse sentido, pode ser demonstrado por meio de um gráfico no qual sejam apresentadas todas as pendências. Além disso, cada gráfico elaborado para o indicador de eficácia pode vir como um plano de ação com farol, que aponte atividades concluídas, pendentes e atrasadas.

Por fim, considerando o exemplo citado, podemos concluir que, para realizar uma compra com eficácia, cabe aos responsáveis pelo indicador a função de executá-la dentro dos prazos e na quantidade necessária, a fim de que se alcance o padrão de eficiência. Antes, portanto, seria preciso analisar os recursos utilizados, como preço, tempo, custo do funcionário.

Atrelado aos indicadores de eficácia e eficiência, o indicador de efetividade procura retratar o desempenho da empregabilidade de todos os indicadores de monitoramento. Em outras palavras, o indicador de efetividade é a união dos índices de eficácia e eficiência com vistas a examinar a determinante dos resultados.

Desse modo, o caminho para analisar se os indicadores estabelecidos na empresa estão realmente contribuindo para o sistema de produção e planejamento se dá pela utilização do indicador de efetividade.

5.5 Exemplos práticos de indicadores

Como pode ser realizada a aplicação de indicadores? Vamos esclarecer essa questão com os exemplos apresentados a seguir.

Figura 5.3 – Medições de tempo de atividade de limpeza de piso

DIA DA MEDIÇÃO: 21/03	
HORA: 13:00	
Observador: João / Observado: Maria	
MEDIÇÃO 1	
ATIVIDADE	**TEMPO**
Pegar materiais	00:01:10
Separar produtos Químicos	00:00:32
Retirar móveis	00:00:25
Limpeza	00:10:16
Enxaguar	00:07:48
Sanitizar	00:07:13
Aguardar secar	00:10:54
Colocar os móveis	00:00:20
Recolher material	00:00:49
Locomoção	00:00:32
TOTAL	00:39:27

DIA DA MEDIÇÃO: 22/03	
HORA: 10:30	
Observador: João / Observado: Joana	
MEDIÇÃO 2	
ATIVIDADE	**TEMPO**
Pegar materiais	00:00:54
Separar produtos Químicos	00:00:26
Retirar móveis	00:00:37
Iniciar a limpeza	00:09:28
Enxaguar	00:09:01
Sanitizar	00:07:36
Aguardar secar	00:11:03
Colocar os móveis	00:00:41
Recolher material	00:00:28
Locomoção	00:01:06
TOTAL	00:41:20

Como visto, buscou-se representar, na Figura 5.3, como foi o processo de coleta de dados de tempo da atividade de limpeza de pisos de determinada empresa.

Com base nas informações elencadas, foi possível classificar os tempos nas seguintes atividades: agregam valor; não agregam valor; agregam valor, mas podem ser reduzidas; não agregam valor, mas são necessárias.

Agora, vamos avaliar as situações envolvidas:

- Dona Maria, ao pegar seus materiais de trabalho, precisa percorrer uma distância longa, visto que essa é uma atividade que agrega valor ao processo (pois, se não pegar seus materiais, não será possível realizar a atividade). Contudo, essa distância pode ser reduzida mediante a adaptação do cenário, como no caso da inclusão de um armário próximo ao seu local de trabalho, de forma que os materiais sejam acomodados.
- Já Dona Joana costuma parar para conversar durante a atividade – essa situação não agrega valor e pode ser reduzida. Nesse caso, seria interessante aplicar uma estratégia, como estipular um intervalo para o café, para que os funcionários sejam mais produtivos e saibam gerir o tempo durante o trabalho.

Considerando-se todas as observações realizadas, o principal objetivo da produtividade é mensurar se as entregas estão sendo feitas no prazo correto e na quantidade adequada (entrega da área do piso limpo, por exemplo).

Com base no levantamento e na análise dos diversos funcionários, pode-se mensurar a média de tempo e de recursos utilizados e, então, padronizá-los, entregando "mais com menos", por assim dizer.

- **Qualidade**: o indicador de qualidade é utilizado para avaliar a excelência de um produto ou serviço, podendo-se realizar a mensuração por meio de dimensões (medidas físicas), no caso de produtos, ou de pesquisa de satisfação do cliente, no caso de serviços.

É importante considerar que a qualidade de um produto está vinculada às suas propriedades; logo, para avaliar a qualidade de uma peça, por exemplo, é preciso inspecionar a altura, a largura, o volume, o peso, a concentricidade de um orifício, entre outras aferições. Por ser um produto tangível, é de fácil aplicação, diferentemente de serviços, nos quais a qualidade é um fator subjetivo, como no caso da limpeza de uma sala de reunião, onde há mesas, cadeiras, televisores, suportes, piso e parede, que foram limpos para um evento que ocorreria posteriormente.

Quanto a esse exemplo, vamos considerar que, embora a limpeza tenha sido realizada corretamente, um dos clientes aprecia a aplicação de fragrâncias no ambiente após o término da atividade, enquanto outro, por ser alérgico, opta por produtos inodoros. Nessas duas situações, um dos clientes ficará satisfeito e o outro não, pois se trata de um critério pessoal. Por isso as especificações para a avaliação do ambiente devem ser esclarecidas antes, ou seja, é necessário especificar como deve ser o estado do local para que este seja considerado conforme ou não conforme. Sob outro aspecto, é de extrema importância que a empresa busque também agregar valor a cada uma de suas atividades, as quais devem ser cuidadosamente pensadas, a fim de garantir maior satisfação do cliente.

Nesse caso, adotar métodos de medição práticos e exatos ou aprimorar atividades, incluindo novas ferramentas que aumentem o conforto do funcionário, resultará no aumento da produtividade pretendida. Essas ações estão diretamente relacionadas à qualidade que a empresa tem e aos resultados que a empresa deseja; assim, são investimentos que geram benefícios e retorno financeiro.

- **Capacidade**: esse indicador tem o potencial de favorecer a realização de algo em seu máximo rendimento, em determinado período, apontando se o negócio está adequado ao objetivo da empresa de gerar lucros. Portanto, está inteiramente relacionada ao potencial de produção, de criação e de geração de produto predefinido, sempre com base no planejamento e no controle da produção. Tendo isso em vista, é possível proporcionar, além do aumento das redes de clientes, a qualidade no desempenho e na produção. Como exemplo, pode-se citar a quantidade de produtos que uma máquina consegue embalar em 1 hora.

- **Inadimplência**: esse indicador é muito utilizado para controlar os custos que a empresa tem com inadimplência. Sabe-se que a grande quantidade de clientes inadimplentes consome um valor que poderia ser investido em outras áreas ou ter outra destinação, ou seja, o que poderia gerar lucro ou constituir investimento é direcionado ao que está inadimplente. Por isso o acompanhamento é necessário, já que essa situação pode ser preocupante e atrasar os indicativos de crescimento da empresa.
- **Cobranças**: esse indicador é empregado para mensurar a efetividade das cobranças realizadas pela empresa. Está intimamente conectado com o indicador de inadimplência, pois a quantidade de inadimplência deve ser reduzida com a quantidade de cobranças realizadas. Desse modo, obtém-se o equilíbrio dos indicadores, garantindo-se, assim, a eficácia entre eles.
- **Faturamento**: geralmente, esse indicador é usado para mensurar a média crescente de faturamento da empresa. O faturamento também é um indicador importante, pois carrega consigo os ganhos e as perdas. Com relação às perdas, indica quais delas estão ligadas à inadimplência e quais impactam a empresa de maneira negativa.

Ademais, o crescimento desse indicador é muito relevante, mas não deve ser visualizado de maneira individual, pois o faturamento não é decisivo para a sobrevivência da empresa, já que ele é diferente dos lucros.

- **Lucratividade**: esse indicador é o responsável por mensurar a quantidade de lucros que a entidade obteve. Ele indica, basicamente, o ganho obtido sobre o trabalho desenvolvido. É um dos indicadores mais importantes e está interligado à competitividade. O aumento do indicador da lucratividade corresponde ao aumento da qualidade e do planejamento de uma empresa.

Além dos indicadores citados, existem outras medidas que podem auxiliar no acompanhamento da empresa. Nesse aspecto, basta identificar se há necessidade de outra forma de acompanhamento de dados, verificando-se quais outras alternativas poderiam ser utilizadas para ajudar no levantamento de ferramentas auxiliares.

Vale lembrar que os indicadores-chave servem para nortear a empresa. É necessário, portanto, que a equipe de gestão sempre estabeleça um filtro para selecionar os indicadores que melhor atendam às necessidades, de forma que sejam empregados somente os indicadores essenciais para a instituição.

Com base nessa premissa, não seria viável investir em uma quantidade alta de indicadores ao mesmo tempo. Na realidade, seria muito difícil – quase impossível – conseguir acompanhar todos com a mesma excelência. Considerando-se a gama de detalhes que cada um deles engloba, a alta demanda de indicadores perderia, assim, seu foco, e nenhum deles seria capaz de cumprir seu papel com qualidade.

Por isso o fator resultante da aplicação de cada um deles deve ser analisado mediante o exame atento dos caminhos mais efetivos para o controle de qualidade, os quais, portanto, precisam ser selecionados com sabedoria.

Será em consequência desse cuidado que o fator de uma escolha crítica terá de permanecer, encontrando-se no pensamento de cada um dos responsáveis pela elaboração dos indicadores. A relevância da escolha deve ser explicitada para que nada fique esquecido durante a observação.

É importante levar em conta, ainda, que, na hipótese de um indicador alcançar sua meta de forma contínua, este pode ser retirado previamente da divisão dos indicadores, caso seja necessário, pois já alcançou seu objetivo. Para tanto, após seu desligamento, é possível realizar uma análise de períodos mais longos (trimestral, semestral etc.), a fim de acompanhar a possível necessidade de retorno do acompanhamento constante.

Agora, você pode estar se perguntando: Como esse indicador deve ser apresentado? Essa dúvida será sanada no próximo capítulo, em que vamos demonstrar a maneira ideal de apresentar os resultados dos indicadores.

6

Custos e indicadores de qualidade no planejamento estratégico

No tocante ao levantamento das estratégias para a elaboração de um planejamento de qualidade, a análise crítica se constitui em um ótimo método, que permite identificar falhas e pontos de melhoria em uma empresa. Considerando-se todos os pontos positivos presentes em determinado projeto, recomenda-se que essa análise aconteça por meio da utilização de fóruns, que disponibilizem espaço para comentários, a fim de que o comitê possa compartilhar os diferentes pontos de vista e expressar as inúmeras situações expostas.

Para esse momento, é indicada a utilização de métodos auxiliares, com o objetivo de averiguar a situação global dos processos, bem como o funcionamento de sua prospecção, de forma a manter o histórico da situação encontrada e permitir que os resultados sejam comparados. A ideia, nesse sentido, é estimular a projeção de crescimento, de progresso e de reconhecimento da empresa.

Para iniciar a análise crítica, é necessário realizar as seguintes ações:

a. **Separar o time adequado para a análise:** a escolha de pessoas capacitadas é fundamental para que a análise seja realizada de maneira equilibrada. Cabe lembrar que os profissionais devem cooperar, de alguma maneira, para a resolução das questões levantadas, cada qual com sua visão.
b. **Definir o problema:** é preciso considerar que o problema identificado deve ser descrito de modo claro, conciso e detalhado, para que seja solucionado. Nesse momento, todos devem atentar ao problema e verificar se ele está evidenciado e atrelado ao resultado, ao processo ou às melhorias que podem ser implementadas. A equipe designada para a análise deve estar em sintonia para que haja a detecção do problema; nesse ponto, podem ser utilizadas ferramentas como o *brainstorming* e o diagrama de Ishikawa, seguido do método dos cinco porquês.
c. **Avaliar e tomar decisões:** após os levantamentos, é hora de avaliar e de tomar decisões. Nesse momento, é necessário definir prioridades para as ações, de forma que elas tenham uma ordem de tratamento. Todos devem complementar as tomadas de decisão, fazendo do espaço um lugar democrático e que valoriza o trabalho em equipe.

Para cumprir as etapas, a equipe pode fazer uso da matriz de priorização de processos, uma ferramenta muito usada para organizar finalidades da empresa. Assim, é possível estimar a urgência em relação a cada uma das fases do processo e estipular o tempo e o prazo ideais para sua realização.

Finalizada a priorização, pode ser iniciada a inclusão das ações no plano de ação, também conhecido como 5W2H. A ferramenta 5W2H – *What* (o quê); *Why* (por quê); *Where* (onde); *When* (quando); *Who* (quem); *How* (como); *How Much* (quanto) – é uma das técnicas mais importantes dessa fase.

Isso porque ela é capaz de ampliar e detalhar as nuances de cada causa da problematização em mãos.

Desse modo, a equipe pode separar esse momento para focar especialmente a raiz do problema, não só buscando maneiras de eliminá-lo definitivamente, mas também apropriando-se de metodologias capazes de prevenir outros problemas subsequentes.

Importante ressaltar que as ações podem envolver outros setores da empresa, mas, nesse caso, é necessário que alguém da equipe fique responsável pela coleta de dados e os reporte aos responsáveis, a fim de que o problema não seja tratado de forma inadequada. A seguir, destacamos outras etapas do processo:

a. **Controlar as ações:** agora é o momento de executar tudo o que foi planejado, de modo que as alterações aconteçam conforme o plano de ação. Nessa hora, é preciso ser cauteloso e controlar as datas e as ações realizadas para cumprir as tarefas designadas.
b. **Verificar resultados:** a equipe de responsáveis deve avaliar se todas as ações foram realmente efetivas na resolução do problema principal, ou seja, se houve melhorias do problema após a análise crítica. A fim de otimizar a visibilidade dos resultados, é interessante realizar esse acompanhamento com o uso de indicadores de desempenho, de índice de reclamação do cliente, de não conformidade, de auditorias nos processos, entre outros.

Ademais, todo projeto deve passar por um processo de estudo e de análise crítica, pensando-se no objetivo de identificar as falhas, os problemas e as melhorias capazes de agregar valor ao produto final. No processo de análise crítica, podem ser utilizadas diversas ferramentas para identificar os pontos mencionados.

Dessa forma, o processo de análise requer pessoas com especialidades diferenciadas e que estejam dispostas a investigar o processo de detalhamento, abordando cada um dos tópicos específicos e buscando alternativas para ampliá-los, no intuito de proporcionar uma visão mais generalizada do processo.

A decomposição do processo de análise crítica permite que seja identificada a síntese do problema, o que abre caminhos para tratar as possíveis causas que originaram ou promoveram o desafio encontrado.

A análise crítica conta, ainda, com barreiras de contenção, capazes de alertar antecipadamente sobre o problema, possibilitando sua tratativa. Ressaltamos que a aplicação desse método é uma ótima maneira de possibilitar que a empresa esteja em constante melhoria.

Assim, é de extrema importância que todos os envolvidos no procedimento tenham conhecimento e domínio do trabalho, a fim de que se comprometam com as ações, em busca de um resultado eficaz.

6.1 Relatório de custos da qualidade

A qualidade é quantificável, e as empresas só poderão conhecer os custos da qualidade e sua evolução efetiva se os mensurarem, ou seja, mensurar para quantificar; quantificar para avaliar a relevância e nortear as ações dos gestores.

O relatório de custos consegue demonstrar qual é a situação da entidade e se os seus planos e projetos podem ser alcançados ou não. Esse não deve mais ser um assunto delicado para as empresas, pois, quando tratado de forma habitual, torna-se mais fácil.

A produção dos relatórios exige a unificação de todas as ferramentas já descritas neste livro, de forma que os dados sejam justificáveis e apresentados sem causar dúvidas. Além disso, é fundamental que o pessoal que participa, direta ou indiretamente, da confecção do relatório de custos da qualidade tenha acesso às informações e possa, assim, cooperar para a melhoria dos processos.

6.2 Normas da série ISO 9000 e sua relação com os custos da qualidade

Como vimos no Capítulo 1 deste livro, a ISO 9001:2015 (versão mais recente, até o momento) é uma norma elaborada pela Organização Internacional de Padronização (International Organization for Standardization – ISO), um sistema de gestão que tem por objetivo garantir a otimização de processos em uma empresa para seu melhor desempenho. Ela institui a mentalidade de risco como uma das ferramentas de gestão da qualidade, por meio do conceito de ação preventiva na formulação de requisitos do Sistema de Gestão da Qualidade (SGQ).

Essa norma determina que as organizações devem planejar ações para tratar riscos, porém não estipula requisitos e métodos formais para a gestão de riscos, ficando a escolha da abordagem a cargo de cada instituição.

Como princípios, a ISO 9001:2015 estabelece o planejamento e a implementação de ações para a abordagem de riscos e oportunidades no SGQ, de modo que se possa, em um primeiro momento, identificar e analisar os riscos e, em seguida, avaliá-los para saber se eles devem ser tratados – a fim de atender a critérios anteriormente definidos – ou se podem ser apenas monitorados (ABNT, 2015).

De acordo com a NBR ISO 31000:2009 (ABNT, 2009, p. 1), outros conceitos importantes para entender a abrangência da gestão de riscos são:

a. **Efeito:** "um efeito é um desvio em relação ao esperado – positivo e/ou negativo".
b. **Incerteza:** "é o estado, mesmo que parcial, de deficiência das informações relacionadas a um evento, sua compreensão, seu conhecimento, sua consequência ou sua probabilidade".
c. **Caracterização do risco:** "o risco é muitas vezes caracterizado pela referência aos eventos potenciais e às consequências, ou uma combinação destes".
d. **Expressão do risco:** "o risco é muitas vezes expresso em termos de uma combinação de consequências de um evento (incluindo mudanças em circunstâncias) e a probabilidade de ocorrência associada".

6.3 Percepção dos custos da qualidade pela contabilidade

Para tratar do tema desta seção, é preciso lembrar quais são os custos da qualidade, abordados no Capítulo 2: custos de falhas internas, custos de falhas externas, custos de avaliação e custos de prevenção.

Para fazer a contabilização desses custos, cada item de custo monitorado deve ser coletado ou estimado, com o grau de aproximação adequado, para que as decisões sejam tomadas com base nos valores calculados. Os custos não são valores contábeis no sentido legal, portanto não é necessário dividi-los ao nível de centavos. São valores adequados para a tomada de decisão, ou seja, calculados em uma ordem de magnitude que permite a comparação entre as diversas categorias ou itens selecionados.

A contabilidade usual não permite a discriminação de tais custos, com exceção das firmas que adotam a contabilidade baseada em atividades, ou contabilidade ABC. Algumas empresas cobram os custos por meio de planilhas preenchidas pelos trabalhadores. Esse procedimento, embora geralmente eficaz, é muito estressante para as pessoas e apresenta limitações, pois o custo de certas falhas, por exemplo, não é estimado apenas pela mão de obra, pelos materiais ou pelos recursos necessários para corrigi-lo. Outros aspectos, como atrasos no cronograma ou conflitos com outros projetos e atividades, podem ser importantes e difíceis de avaliar. Em alguns casos específicos, como *design* e *software*, os custos de um erro dependem não apenas de sua natureza, mas também da fase do projeto em que o erro se origina e da fase em que é corrigido.

Modificar, por exemplo, a rotina de um sistema quando este se encontra na fase de especificação é um procedimento relativamente simples; modificá-la, porém, após a codificação do sistema pode ser extremamente complexo e dispendioso. Algumas empresas dimensionam os custos da qualidade em termos de quantidades físicas, como homem/hora de trabalho (contabilização de horas de trabalho por colaborador), quando se trata de consumo de mão de obra, ou quantidade de peças defeituosas, para perdas de material, e assim por diante. Essa não é, no entanto, uma prática eficaz, pois torna difícil a comparação de itens diferentes. É preferível converter os custos em moeda local, ainda que com algum grau de imprecisão. Nesse sentido, podem ser utilizados, por exemplo, a equivalência salarial para mão de obra, o custo total dos procedimentos relacionados à qualidade – quando estes envolvem, além da mão de obra, o uso significativo de outros recursos (equipamentos, serviços de terceiros, licenciamento de tecnologia e outros) –, o valor comercial da contratação – no caso de serviços de terceiros – ou a perda de receita estimada, ao lidar com projetos descontinuados e reduções no preço de venda de produtos ou serviços.

6.4 O BSC como ferramenta de gestão estratégica para custos da qualidade

O *Balanced Scorecard* (BSC) é uma importante ferramenta que viabiliza uma gestão mais formal das estratégias, pois busca traduzir fundamentos do planejamento estratégico em indicadores que podem ser monitorados e controlados. Conforme traduz os objetivos organizacionais (missão e visão) em metas, fornece material para que a gestão possa controlar os processos.

O BSC permite que todos componentes de uma empresa tenham conhecimento das estratégias e participem delas de modo mais efetivo, por meio de metas que se desdobram até alcançar todos os níveis, com indicadores predefinidos. A ferramenta também proporciona uma visão mais abrangente da empresa, visto que é baseada em quatro perspectivas diferentes, que representam o desempenho da instituição, de modo geral.

Assim, a aplicação do BSC representa para a empresa a oportunidade tanto de conhecer os indicadores que prejudicam o alcance de seus objetivos estratégicos quanto de receber a assistência necessária para encontrar um posicionamento diferenciado na indústria na qual está inserida.

Considerando-se que o mercado apresenta carência de ferramentas que buscam melhorar os procedimentos e os processos de gestão, o BSC se apresenta como uma ferramenta diferenciada.

6.5 Tendência: o *Big Data* e os indicadores da qualidade

Com o propósito de aprimorar as informações, os indicadores da qualidade podem ser trabalhados por meio de diversas ferramentas facilitadoras. É possível usar, por exemplo, o *Big Data*.

O termo *Big Data* é empregado para descrever o crescimento exponencial de dados nos últimos anos. Como seu significado é bastante diversificado, não é possível encontrar uma única definição do termo, aceita por todos os autores. De qualquer forma, o *Big Data* pode ser entendido como os dados que não são suportados pela maioria dos sistemas disponíveis atualmente, em virtude de seu tamanho.

Assim, pode ser considerado a nova fase de geração de dados, que agora são criados em alta velocidade e por diversos dispositivos inseridos em ambientes como indústrias, hospitais, escolas e até mesmo no cotidiano de muitas pessoas, por meio de celulares, assistentes virtuais, *smartwatches*, entre muitos outros recursos.

Considerações finais

O verdadeiro intuito desta obra foi o de esclarecer como as empresas podem não só alcançar e superar metas e objetivos, mas também movimentar-se de modo que consigam manter-se sempre em sintonia com a inovação do mercado e um passo à frente em relação à concorrência.

Nesse sentido, destacamos, ao longo deste livro, a importância da qualidade nos processos empresariais, de acordo com o setor em que a entidade se encontra inserida.

Buscamos descrever os passos a serem seguidos para a conquista de melhores resultados, por meio dos métodos da qualidade, que permitem encadear diferentes processos de forma a obter sempre a melhoria constante.

Há muitos processos engessados, que demandam um novo olhar em direção ao seu aprimoramento. Como vimos, essa inovação necessária pode implicar custos (de investimento), os quais são transformados, após sua aplicação, e evidenciam os pontos positivos e os pontos que devem ser melhorados pela instituição.

Também vimos que o Sistema de Gestão da Qualidade (SGQ) permite aplicar as estruturas necessárias – políticas da qualidade, estratégias, mecanismos de avaliação e acompanhamento do desempenho dos processos – a fim de que tanto as empresas de manufatura quanto o setor de serviços e as entidades tecnológicas possam alcançar a qualidade ideal.

É evidente que há uma aplicação adequada para cada caso, mas, quando bem aplicada, a política da qualidade é capaz de promover as alterações desejadas, impactando não somente a empresa, mas também a sociedade como um todo. O principal é que a companhia defina, de forma clara, suas metas e seus objetivos e utilize as ferramentas disponibilizadas para atingi-los e superá-los.

Para isso, é necessário que a compreensão da qualidade e dos métodos e o foco na meta estejam entrelaçados a processos bem estruturados. Nessa abordagem, é possível, então, utilizar indicadores com o objetivo de identificar a situação dos processos e a necessidade de alterá-los, se for o caso. A seleção dos indicadores ocorrerá de acordo com o objeto estudado e com o objetivo real.

Além das questões pontuais de uma gestão, também é preciso estar atento às inovações presentes no mercado, como é o caso da utilização de tecnologias atuais na gestão de empresas. Tais métodos contribuem para que a equipe trabalhe em sintonia, aplicando, da melhor maneira, o tempo de execução das tarefas, o que permite que os processos apresentem sua melhor *performance*. Com efeito, o emprego de metodologias ágeis são o futuro das empresas que desejam alcançar novos patamares por meio da gestão inteligente de processos.

Este livro, portanto, foi desenvolvido com o objetivo de despertar a visão acerca dos pontos importantes que os trabalhadores precisam ter quando se trata de qualidade. Como destacamos, embora não seja simples trabalhar com a qualidade e entender os custos envolvidos nesses processos, essa é uma área essencial, que possibilita a visualização dos problemas presentes em toda a empresa, bem como a realização estudos aprofundados, capazes de direcionar a visão para aspectos e soluções mais próximos da realidade.

Quanto mais a equipe estiver engajada para alcançar seus objetivos, mais fácil se tornará essa tarefa. Mas, para isso, é necessário que seja trabalhado o alinhamento da cultura empresarial, pois, quando implementada uma cultura saudável e de acordo com objetivos reais, o desafio de atingir os objetivos estipulados se mostra mais acessível, visto que a consciência dessa tarefa passa a ser compartilhada por todos os envolvidos.

Lista de siglas

AAA – Análise da Árvore de Falhas (*Fault Tree Analysis*)
APP – Análise Preliminar de Perigos
APPCC – Análise de Perigos e Pontos Críticos de Controle (*Hazard Analysis and Critical Control Point*)
APR – Análise Preliminar de Riscos
BSC – Balanced Scorecard
DFMEA – FMEA de Produto
DMAIC – Define (Definir), Measure (Medir), Analyze (Analisar), Improve (Aperfeiçoar), Control (Controlar)
FMEA – *Failure Mode and Effect Analysis*
FMECA – *Failure Mode and Critical Analysis*
Gerot – Gerenciamento da Rotina
ISO – International Organization for Standardization
KPI – *Key Performance Indicator*
Masp – Método de Análise e Solução de Problemas
PDCA – *Plan* (Planejar), *Do* (Fazer), *Check* (Checar), *Act* (Agir)
PFMEA – FMEA de Processo
PMBOK – *Project Management Body of Knowledge*

POP – Procedimento operacional padrão
QFD – *Quality Function Deployment*
SGQ – Sistema de Gestão da Qualidade
SWOT – *Strengths* (Forças), *Weaknesses* (Fraquezas), *Opportunities* (Oportunidades), *Threats* (Ameaças)

Referências

ABNT – Associação Brasileira de Normas Técnicas. **NBR ISO 31000**: Gestão de riscos – princípios e diretrizes. Rio de Janeiro, 2009.

ABNT – Associação Brasileira de Normas Técnicas. **NBR ISO 9001**: Sistema de gestão da qualidade – requisitos. Rio de Janeiro, 2015.

ARRUDA, M. C. C. de, ARRUDA, M. L. de. Satisfação do cliente das companhias aéreas brasileiras. **RAE – Revista de Administração Empresas**, v. 38, n. 3, p. 25-33, jul./set. 1998. Disponível em: <https://doi.org/10.1590/S0034-75901998000300004>. Acesso em: 2 fev. 2022.

BAMFORD, D. R.; GREATBANKS, R. W. The Use of Quality Management Tools and Techniques: a Study of Application in Everyday Situations. **International Journal of Quality & Reliability Management**, v. 22, n. 4, p. 376-392, 2005. Disponível em: <https://DOI 10.1108/02656710510591219>. Acesso em: 2 fev. 2022.

BRITTO, E. **Qualidade total**. São Paulo: Cengage Learning, 2016.

CARDOSO, C. Fidelização de cliente (1/3). **Rede Gestão**, n. 245, 1º jun. 2003. Disponível em: <http://www1.redegestao.com.br/cms/opencms/desafio21/autor/CarmenCardoso/>. Acesso em: 21 jan. 2022.

CARPINETTI, L. C. R. **Gestão da qualidade**: conceitos e técnicas. São Paulo: Atlas, 2010.

CARVALHO, M. M. de; PALADINI, E. P. **Gestão da qualidade**: teoria e casos. Rio de Janeiro: Campus, 2012.

CORRÊA, L. H.; GIANESI, I. G. M. **Administração estratégica de serviço**. São Paulo: Atlas, 1994.

CORRÊA, L. H.; CAON, M. **Gestão de serviços**: lucratividade por meio de operações e satisfação dos clientes. São Paulo: Atlas, 2014.

DE CICCO, F.; FANTAZZINI, M. L. **Tecnologias consagradas de gestão de riscos**: riscos e probabilidades. São Paulo: 2003. (Coleção Risk Tecnologia).

FERREIRA, C. C.; GIACOMITTI JUNIOR, F. Avaliação do grau de atendimento das pequenas construtoras de obras civis, da cidade 76 de Curitiba-PR, aos Requisitos do PBQP-H. **Revista Vincci**, v. 4, n. 1, p. 59-80, Curitiba, 2007.

HELLER, E. **A psicologia das cores**: como as cores afetam a emoção e a razão. São Paulo: Editorial GG, 2012.

JACOVINE, L. A. G. **Desenvolvimento de uma metodologia para avaliação dos custos da qualidade na colheita florestal semimecanizada**. 109 f. Dissertação (Mestrado em Ciência Florestal) – Universidade Federal de Viçosa, Viçosa, 1996.

MÖLLER, C. **O lado humano da qualidade**: maximizando a qualidade de produtos e serviços através do desenvolvimento das pessoas. São Paulo: Pioneira, 1992.

OLIVEIRA, C. S. de. **Relacionamento de processos do PMBOK**. 4 ed. Belo Horizonte: Ed. da Ietec, 2012.

OLIVEIRA, O. J. (Org.). **Gestão da qualidade**: tópicos avançados. São Paulo: Pioneira Thomson Learning, 2004.

OHNO, T. **O Sistema Toyota de Produção**: além da produção em larga escala. 5. ed. Porto Alegre: Bookman, 1997.

PALADINI, E. P. **Gestão da qualidade no processo**: a qualidade na produção de bens e serviços. São Paulo: Atlas, 1995.

PALADINI, E. P. **Gestão da qualidade**: teoria e prática. São Paulo: Atlas, 2000.

PALADINI, E. P. **Gestão estratégica da qualidade**: princípios, métodos e processos. São Paulo: Atlas, 2008.

PALADINI, E. P.; CARVALO, M. M. de. (Org.). **Gestão da qualidade**: teoria e casos. Rio de Janeiro: Abepro, 2012.

PURI, S. C. **Certificação ISO Série 9000 e gestão da qualidade total**. Rio de Janeiro: Qualytymark, 1994.

REIS, P. F.; MELHADO, S. B. Análise do impacto da implantação de sistemas de gestão da qualidade nos processos de produção de pequenas e médias empresas de construção de edifícios. In: CONGRESSO LATINO AMERICANO: Tecnologia e Gestão na Produção de Edifícios: Soluções para o Terceiro Milênio, 3-6 nov. 1998, São Paulo. **Anais**... São Paulo, Escola Politécnica da Universidade de São Paulo/Departamento de Engenharia de Construção Civil, 1998. p. 459-467. Disponível em: <https://espace2.etsmtl.ca/id/eprint/20720/>. Acesso em: 16 fev. 2022.

ROEMER, T. A.; AHMADI, R.; WANG, R. H. Time-Cost Trade-Offs in Overlapped Product Development. **Operations Research**, v. 48, n. 6, p. 858-865, 2000. Disponível em: <https://www.jstor.org/stable/222994>. Acesso em: 16 fev. 2022.

RUFINO, P. E. et al. Indicadores de qualidade com base em um sistema de custos da qualidade: um estudo de revisão. In: CONGRESSO BRASILEIRO DE ENGENHARIA DE PRODUÇÃO, 2., 2012, Ponta Grossa. **Anais**... Ponta Grossa: Aprepro, 2012.

SAKURADA, E. Y. **As técnicas de Análise dos Modos de Falhas e seus efeitos e Análise da Árvore de Falhas no desenvolvimento e na avaliação de produtos.** 124 f. Dissertação (Mestrado em Engenharia Mecânica) – Universidade Federal de Santa Catarina, Florianópolis, 2001. Disponível em: <https://repositorio.ufsc.br/xmlui/handle/123456789/80128>. Acesso em: 16 fev. 2022.

SBROCCO, J. H. T. de C; MACEDO, P. C. de. **Metodologias ágeis**: engenharia de software sob medida. São Paulo: Érica, 2012.

SANTOS, J. M. F. dos. Aplicação correta: eficiência, produtividade e baixo custo em culturas agrículas. Instituto Biológico, Centro de Pesquisa e Desenvolvimento de Sanidade Vegetal. **Aplicação correta: eficiência, produtividade e baixo custo em culturas agrícolas**, São Paulo, p. 1-7, 2003. Disponível em: <http://www.biologico.sp.gov.br/uploads/files/rifib/IX_RIFIB/santos2.PDF>. Acesso em: 16 fev. 2022.

SILVA, L. L. Matriz de análise de SWOT. **Agenda Digital**, 7 jul. 2009. Disponível em: <http://agenda-digital.blogspot.com/2009/07/matriz-de-analise-de-swot.html>. Acesso em: 20 jan. 2022.

SOUZA, R. de.; MEKBEKIAN, G. **Qualidade na aquisição de materiais e execução de obras**. São Paulo: Pini, 1996.

SOUZA, J. J. de. **O programa seis sigma e a melhoria contínua**. 84 f. Monografia (Especialização em Administração Contemporânea) – Escola de Administração de Empresas de São Paulo Fundação Getulio Vargas, São Paulo, 2003. Disponível em: <https://cursos.unisanta.br/mecanica/polari/jj-monografia.pdf>. Acesso em: 5 fev. 2022.

SUTHERLAND, J.; SCHWABER, K. **Guia do Scrum**. Um guia definitivo para o Scrum: as regras do jogo. Julho de 2013. Tradução de Fábio Cruz et al. 2014. Disponível em: <https://scrumguides.org/docs/scrumguide/v1/Scrum-Guide-Portuguese-BR.pdf>. Acesso em: 16 fev 2022.

Sobre a autora

Maíra Buss do Espírito Santo é mestre em Governança Corporativa e Sustentabilidade, especialista nas áreas de Gestão de Pessoas e Educação e engenheira de produção, com segunda graduação em Pedagogia.

Apaixonada por educação e processos, tem experiência com gestão da qualidade, mapeamento, redesenho e padronização de processos; elaboração de manuais e capacitação de usuários; implementação e desenvolvimento de projetos educacionais e pedagógicos.

Contato: <https://www.linkedin.com/in/maira-buss-064a1138/maira.buss@uol.com.br>

Os papéis utilizados neste livro, certificados por instituições ambientais competentes, são recicláveis, provenientes de fontes renováveis e, portanto, um meio **respon**sável e natural de informação e conhecimento.

Impressão: Reproset
Fevereiro/2023